Hector MELLIN
Radiesthésiste -- Chromologue

SECRETS DES COULEURS
des Métaux, des Pierres, des Fleurs, des Parfums

Tome I

Hector MELLIN

Radiesthésiste-Chromologue

SECRETS DES COULEURS

des Métaux, des Pierres, des Fleurs, des Parfums

Tome I

SECRETS DES COULEURS

des Métaux, des Pierres, des Fleurs, des Parfums

Du même auteur :

RADIESTHÉSIE DOMESTIQUE ET AGRICOLE

En préparation :

SECRETS DES COULEURS, Tome II

A MA FAMILLE

A MES AMIS

A MES ÉLÈVES

H. M.

Charenton, Janvier 1940.

PREMIÈRE PARTIE

LES COULEURS A TRAVERS LES SIÈCLES

SECRETS DES COULEURS [1]

PRÉAMBULE

En préparant cet ouvrage je fredonne encore cette vieille rengaine scolaire : Violet, Indigo, Bleu, Vert, Jaune, Orangé, Rouge.

Au temps où nous usions nos fonds de culotte sur les bancs de l'école j'étais loin de penser que cet énoncé de sept termes me donnerait un jour l'occasion d'étudier et d'approfondir l'influence particulière qui s'attache aux couleurs spectrales minérales, animales et végétales.

C'est en suivant le chemin parcouru par les observateurs anciens et modernes que j'ai pu me rendre compte, qu'à travers tous les âges, on a eu un grand souci des influences colorées.

C'est donc pour faire suite à ces études que j'ai essayé de dégager les lois de la chromologie après avoir étudié les phénomènes qu'elles engendrent en pénétrant ce vaste et obscur domaine des lumières, des couleurs naturelles et artificielles.

En effet, depuis les temps les plus reculés, chez les peuples les plus primitifs — l'histoire nous le montre — les couleurs ont tenu une place prépondérante. Nos ancêtres

---

[1] Illustrations de l'auteur.

leur reconnaissaient une puissante signification, ils appréciaient leur symbolisme, recherchaient leurs forces pour les adapter aux désirs et aux besoins de leur vie courante, dans l'art et dans la façon de se vêtir.

Quel étrange contraste entre ces observateurs antiques et les obscurantistes de notre époque, lorsque nous voyons nos jolies contemporaines porter, sous le signe de la mode, tant de toilettes multicolores aussi discordantes les unes que les autres, en une véritable anarchie colorée, au mépris des intensités lumineuses, des proportions, des vraisemblances et des influences.

Il semble, en effet, que le choix raisonnable des toilettes, des parures et de l'ameublement néglige totalement aujourd'hui l'utilisation des couleurs fastes ou néfastes.

*
* *

Nous nous habillons et nous nous meublons à la hâte, **au goût du jour**, pour suivre une mode ou faire comme tout le monde, en ne tenant compte que des choses visibles et palpables, pratiques et rapides, sans nous préoccuper de ce que nous touchons, de ce que nous voyons, de ce qui nous entoure et nous pénètre.

*
* *

Nous portons des bijoux qui détonnent le plus souvent.

Nous mettons n'importe quoi, n'importe où et n'importe comment.

Nous négligeons systématiquement les connaissances mises à notre disposition par le passé et le progrès.

Nous ne songeons pas un seul instant que les couleurs

sont des agents de causes bien définies, et que la plupart des troubles mal définis ont pour cause l'influence ignorée d'une couleur que nous négligeons.

En un mot, c'est là une espèce de daltonisme intégral et chronique qui se grise de pratiques plus ou moins superstitieuses ou obscures et qui s'en rapporte trop facilement aux sensations immédiates et sans lendemain, qui vit sans chercher à comprendre, qui supporte tout sans y rien entendre, qui regarde tout sans rien voir.

Nous laissons passer le prodigieux moyen d'améliorer notre existence en n'utilisant pas le pouvoir extraordinaire des radiations colorées.

Cette cécité des couleurs fait oublier l'essentiel de la vie et nous met en état d'infériorité sur les animaux, lesquels ont le sens chromatique vivace, ce qui leur permet de choisir les éléments colorés qui leur sont favorables. En cela, ils ne font qu'obéir à des lois immuables que notre ignorance actuelle nous fait transgresser ou simplement négliger.

Je me suis donc efforcé de ressusciter certains procédés antiques en accord avec les progrès successifs de nos connaissances, de résumer dans cet ouvrage des démonstrations théoriques expérimentales et des constatations pratiques que la comparaison, l'observation attentive et l'analyse de chaque jour m'ont permis d'établir, afin de tenter d'expliquer les causes et les effets intérieurs et extérieurs des éléments colorés.

Nul doute que certains esprits non observateurs et non préparés aux disciplines scientifiques nous taxent d'utopiste, ou qualifient nos théories d'illusoires, notre méthode de chimérique. Mais, lorsqu'ils auront pris connaissance de notre livre, beaucoup d'entre eux reconnaîtront que l'étude des influences colorées n'est pas incompatible avec la science moderne et ses vues théoriques, et que les sujets traités, qui leur semblaient relever du domaine de la pure imagination ou de l'aberration, constituent une matière solide qu'il est impossible de nier et qu'on ne peut se refuser d'étudier sans s'être donné la seule attitude qui convienne au savant et au chercheur.

> Tout se tient dans la Nature: rien ne se perd, rien ne se crée, tout se transforme, l'énergie comme la matière.

NOTES DE L'AUTEUR

DRESSE DE TEMPS EN TEMPS LA TÊTE VERS L'INSONDABLE FIRMAMENT, TA TIMIDITÉ ET TON ORGUEIL FLÉCHIRONT EN MÊME TEMPS QUE GRANDIRA TA MODESTIE ET QUE S'AFFIRMERA LA VOLONTÉ SAINE DE TA PUISSANCE.

H. M.

Dis-moi les couleurs que tu affectionnes, je te dirai comment tu te portes.

H. M.

GÉNÉRALITÉS

Si nous regardons le Ciel, est-il permis d'assigner une limite à l'infini ?

Cet infini n'est-il pas lui-même l'indéfini ?

Pouvons-nous nier l'électricité que nous produisons, que nous utilisons, mais que nous ne connaissons pas ?

Par ailleurs, il semble difficile de nier les effets des Astres que nous subissons à certaines heures de la journée, à certains moments de l'année, à certaines phases de notre existence ? Pas plus qu'il n'est possible de nier l'influence des satellites, des planètes, des soleils sur l'homme et la végétation.

Impossible donc de nier l'influence du Soleil et de la Lune sur les plantes, la reproduction animale, les maladies, leur périodicité, leur aggravation, voire leur guérison.

Chacun sait que la Lune, dans ses phases ascendantes et descendantes, joue un rôle considérable dans la mise en bouteille du vin, dans la plantation des tubercules, la coupe des bois et des cheveux.

*
* *

Alors ! Pourquoi voudrions-nous limiter nos perceptions à cette poussière atmosphérique qu'est la Terre, à ce satellite infime mais agissant qu'est la Lune, et, si l'on veut, à ce misérable atome qu'est le Soleil ?

Pourquoi voudrions-nous qu'ils soient les seuls avec lesquels nous devons compter ?

*
* *

Trop d'anthropocentristes ont tendance à considérer la Terre comme constituant l'Univers. D'autres, un peu plus larges, limitent cet Univers au Soleil et à son système. Et, pourtant, le Soleil et son entourage, toutes proportions gardées, n'est qu'une partie microscopique de l'Univers parmi d'autres plus importantes que nous ne voyons pas.

*
* *

Des astres mettent des millions d'années à nous envoyer leur lumière. L'analyse spectrale nous en révèle la teneur. Des astrologues comme Dom NEROMAN (1) nous initient à leurs effets très variables avec chaque individu, chaque animal, en un mot, avec chaque espèce.

*
* *

Indiscutablement les astres influencent une partie de notre vie pour ne pas dire toute notre vie. Il est non moins douteux qu'ils déterminent chez nous des perturbations atmosphériques et des troubles que nous subissons à chaque changement de Lune ou de saison.

Demandons-le plutôt aux rhumatisants, aux mutilés de la guerre ou du travail, aux insomniques qui ont une plus grande sensibilité météorique que le baromètre et l'hygromètre.

*
* *

---

(1) Ingénieur civil des Mines, 11, rue Bois-le-Vent, Paris, 16e.

Si nous reconnaissons que le Soleil agit sur nous et que la Lune nous impose ses nombreux caprices, pourquoi ne voudrions-nous pas admettre que ces deux foyers ne sont pas les seuls à nous influencer ?

*
* *

Comme nous sommes extrêmement sensibles à toutes les manifestations d'ordre tellurique, cosmique ou extragalactique, nous concevons qu'à l'heure de notre naissance et de notre entrée dans le monde brillent certains astres, et qu'à l'instant même de notre première inspiration leurs radiations s'attachent à la composition chimique de notre individu.

*
* *

Et voilà notre destin marqué pour toujours de leurs imprégnations.

Désormais, nous portons en nous les traces indélébiles des éléments dont sont composés les astres sous le signe desquels notre vie a commencé.

Ces imprégnations sont à l'origine de courants favorables ou défavorables que nous aurons à entretenir ou à corriger.

*
* *

Il est très vraisemblable que tous les astres connus et inconnus émettent une lumière visible ou invisible.

Ces lumières ont une fréquence, une vitesse de propagation, une intensité et une influence propres.

De ce qui précède, il résulte que la couleur est une lumière qui nous semble lumière et matière : le bleu du ciel est lumière, le bleu du bleuet est matière.

⁎

Considérant que chaque couleur prismatique ou matérielle est représentée par un ou plusieurs corps simples, de la table des 92, il nous est dès lors facile de concevoir, qu'au même titre que les astres et leurs lumières, chaque couleur prise isolément agit à sa façon en produisant tels ou tels effets, bons ou mauvais, et que son rayonnement attire ou repousse les radiations émises par les êtres vivants.

⁎

Ces diverses forces de la Nature sont, par conséquent, utilisées ou négligées par notre organisme. Ce dernier y puise la vie ou la mort, une quantité importante de sensations et de réactions particulières, suivant leur formule chimique de constitution et la conductibilité de notre épiderme, lequel absorbe ou réfléchit plus spécialement telle radiation colorée plutôt que telle autre du milieu dans lequel nous évoluons journellement.

⁎

C'est ainsi qu'une couleur peut nous porter à la joie ou à la tristesse — l'organisme n'est-il pas quelque chose de physiologique ? — et, par extension, contribuer, par analogie ou discordance, à modifier nos sens, nos goûts, nos facultés, nos talents, nos sentiments, nos troubles, etc.

Nous sommes faits pour bénéficier ou pâtir des diverses lumières colorées, lesquelles, tout compte fait, doivent servir à quelque chose et à quelqu'un.

Si nous en croyons les théories modernes concernant la matière au sujet de la libération de l'énergie corpusculaire par l'électricité, le pouvoir d'émettre des radiations n'appartient pas seulement aux astres, à la lumière, à la chaleur, au radium, aux rayons ultra-violets et infra-rouges, mais aussi à toutes les substances, notamment chromatogènes et à tous les éléments chromogènes.

Partant de ce principe, nous admettons que tous les corps, même inertes, simples, composés, colorés ou non, rayonnent une énergie mécanique positive ou négative, électro-magnétique ou bi-polarisée.

Chacun de ces corps détermine une force centripète ou centrifuge, emprunte ou refuse une énergie de même nature ou opposée venant d'agents extérieurs analogues ou contraires. Cette action corpusculaire ou ondulatoire, qui peut se propager à travers l'individu, est capable de calmer ou d'exciter, d'anesthésier ou d'hyperesthésier tout ou partie de cet individu.

Cela revient à dire que les couleurs sont protéiformes et que l'interprétation sommaire de leurs influx qu'on serait tenté de donner ne traduit en réalité que leur « Sens

Collectif » avec l'expresse réserve d'adaptations particulières à chaque cas personnel.

＊＊

Les anciens sentaient tout cela. Aussi, attachaient-ils une importance considérable au symbole et à l'action des couleurs. Ils appréciaient les conséquences qui pouvaient découler de leur choix et de leur application.

＊＊

Les Egyptiens, 6.000 ans avant les Grecs, peignaient leurs édifices, leurs monuments, leurs statues ; teignaient leurs vêtements et plus particulièrement leurs yeux avec de l'antimoine ou de l'encens.

Ils prétendaient que le jaune s'appliquait à l'intelligence, le pourpre à la solennité, le bleu à la vigueur, le blanc à la philosophie.

Les Chinois, 2.000 ans avant notre ère, employaient déjà la médecine des couleurs.

Les Assyriens liaient les couleurs aux astres.

ATTILA s'habillait de rouge pour bien souligner l'épouvante qu'il semait partout.

ARISTOTE comparaît les couleurs aux divers goûts.

Plus près de nous, constatons la préférence qu'ont les peuples méridionaux pour les couleurs spécialement rouges. Leur goût doit certainement provenir de la nature excitante de ces couleurs capables de soutenir l'impétuosité de leur tempérament dans des régions propres à engendrer le lymphatisme, alors que les couleurs violettes et bleues sont affectionnées par les populations des régions tempérées et froides et accentuent ainsi leur tendance au calme et à la pondération.

*
* *

Un cas qui démontre que les couleurs ont une influence sur nous est celui enregistré par M. LUMIÈRE lui-même :

Le grand savant possédait dans les environs de Lyon un laboratoire dans lequel étaient employées des ouvrières. Pour les exigences des travaux, l'établissement avait été couvert de verres rouges.

Quelle ne fut pas la surprise de M. LUMIÈRE de constater que bon nombre de ses ouvrières étaient devenues insupportables et se « crêpaient » le chignon journellement.

Intrigué, le savant chercha la cause de cet état d'esprit et l'idée lui vint que les verres rouges pourraient ne pas être étrangers au caractère irascible du personnel.

Sans rien dire, un jour de fermeture, il fit remplacer les verres rouges par des verres bleus. Puis, il observa.

Quelques semaines plus tard il constata avec satisfaction que tout était rentré dans le calme. Ses ouvrières avaient retrouvé leur grâce et leur bonne humeur sous l'action des verres bleus.

*
* *

Nous connaissons une dame qui ne peut pas acheter d'oranges sans être mal à l'aise.

Un Docteur de nos amis nous dit qu'aux examens qu'il a passés, il a échoué chaque fois qu'il composait sur du papier orangé.

*
* *

Les expressions populaires : « Broyer du noir », « Voir la vie en rose », « Des goûts et des couleurs on ne discute pas », « Faire grise mine à quelqu'un », « En faire voir de toutes les couleurs », « En faire voir des grises », « Etre la bête noire », « La vie est tissée de blanc et de noir », sont des termes oubliés ou repris sans en connaître la valeur. Car, ce n'est pas par un pur effet du hasard que ces expressions ont droit de cité depuis des siècles. Enfin, le fait de vouer un enfant au bleu ou au blanc a une signification traditionnelle.

*
* *

Ces quelques exemples suffisent, semble-t-il, à nous rappeler à la réalité et démontrent clairement que jusqu'à nos jours l'influence des couleurs a été employée, respectée et même vénérée.

L'homme à courte vue, celui qui croit tout savoir et pouvoir se dispenser de toute recherche, le fataliste, le matérialiste trouveront matière à méditer sur ce qui vient d'être dit.

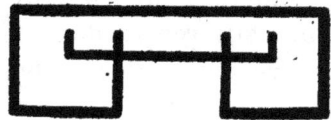

L'homme devient ce qu'il pense.

SECRETS DES COULEURS
DES MÉTAUX, DES PIERRES, DES FLEURS, DES PARFUMS

PREMIÈRE PARTIE

CHAPITRE PREMIER

Couleurs spectrales. — Spectres. — Décomposition de la lumière. — Recomposition de la lumière.

COULEURS SPECTRALES

Bien que le langage chromatique soit le plus correct, lorsqu'on parle de couleurs, nous estimons nécessaire, pour la compréhension des faits, de rappeler ici quelques notions.

Avant tout, établissons une séparation entre les couleurs spectrales et les couleurs des corps, car s'il existe de nombreuses analogies entre les deux catégories, il existe de multiples différences tant du point de vue physique que du point de vue psychique.

Le spectre solaire est considéré comme divisé en six secteurs correspondant à six espèces de radiations colorées :

VIOLET, BLEU, VERT, JAUNE, ORANGE, ROUGE

SPECTRE

Il existe deux sortes de spectres : les spectres d'émission et les spectres d'absorption (fig. 3).

Les spectres d'émission émanent des corps solides et liquides, des gaz et des vapeurs poussés à l'incandescence. Ils sont dits continus parce qu'ils se succèdent de façon ininterrompue, comme la lumière du soleil et l'arc électrique ou parce qu'ils présentent une ou quelques couleurs seulement, sous forme de raies fines sur un espace restreint (fig. 3).

Le sodium donne 2 raies jaunes très rapprochées.
Le lithium — 1 raie rouge et une jaune.
Le potassium — 1 — — et une violette.
Le thallium — 1 — jaune-vert.
L'hydrogène — 1 — violette, une bleue et une orangée.

Les feux de bengale qui font l'objet des réjouissances publiques se caractérisent par une gamme très étendue de colorations obtenues en portant à l'état d'ignition des sels métalliques ou des oxydes :

La flamme du strontium est rouge-écarlate.
— du lithium est rouge-carmin.
— de la chaux est jaune-rouge.
— du cuivre est jaune-vert.
— du baryum est vert-jaune.
— du phosphore, du bore, du thallium est verte.
— de l'argent est vert-bleue.
— du silicium, de l'arsenic, de l'antimoine, du
— plomb est bleue .

— 27 —

*
* *

Les spectres d'absorption dits « discontinus » sont obtenus par incandescence de gaz et de vapeurs et donnent

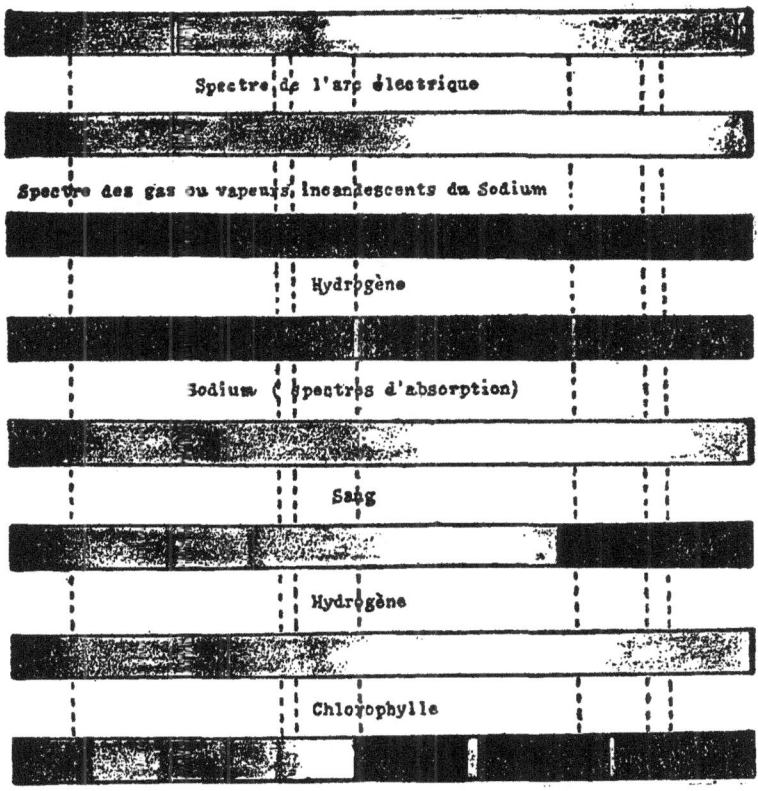

Fig. 3

des raies obscures découvertes par Wolloston et étudiées par Fraunhofer.

On sait d'ailleurs que, si un corps solide est chauffé, il

émet d'abord des radiations calorifiques invisibles, mais perceptibles par le sens du toucher, et il ne commence à émettre des radiations visibles qu'à la température de 450° environ. Les premières radiations qui apparaissent sont celles du rouge, les autres suivent à mesure que la température augmente.

Chaque lumière étant capable d'absorber celle qu'elle émet, si un rayon lumineux de ceux que nous venons de

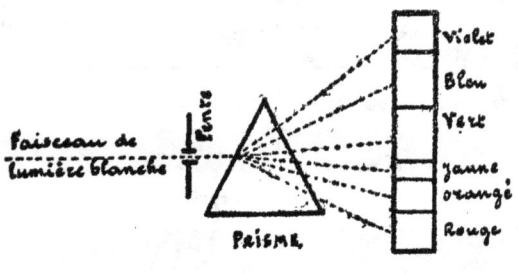

Fig. 4
Décomposition de la lumière commune.

décrire traverse une vapeur de sodium les raies colorées apparaîtront obscures par extinction plus ou moins complète (absorption).

DÉCOMPOSITION DE LA LUMIÈRE

La lumière blanche, synthèse de toutes les lumières, est formée d'un certain nombre de couleurs qui, n'ayant pas le même indice de réfraction, se séparent après avoir traversé un prisme (fig. 4) ou par toton tournant de Benham (fig. 5).

Au moment de la dispersion on obtient un spectre de six couleurs : Rouge, Orangé, Jaune, Vert, Bleu, Violet.

Les rayons sont de réfrangibilité différente : les plus réfringents (rouges, orangés, jaunes) sont en bas ; les moins réfringents (verts, bleus, violets) sont en haut.

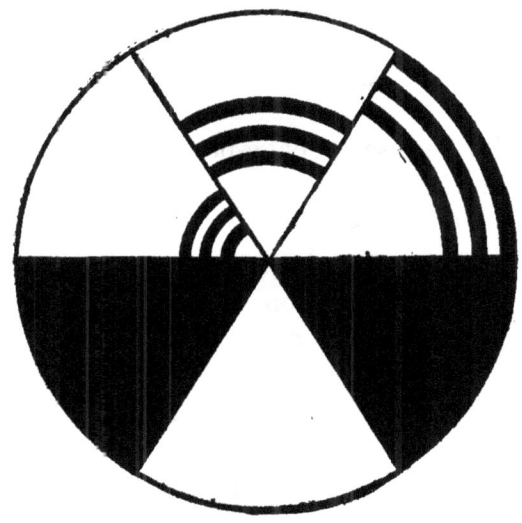

Fig. 5
Toton de Benham.

RECOMPOSITION DE LA LUMIÈRE

Inversement, par la superposition de divers rayons colorés, on peut former la lumière blanche. En particulier, par disques tournants, divisés en secteurs colorés dans l'ordre du spectre (disques de Newton), on obtient à l'œil la sensation de la lumière blanche, ou encore par chromatropes (toupies diversement coloriées).

CHAPITRE II

Variations de la lumière. — Réfraction. — Diffraction. — Réflexion. — Absorption. — Transparence. — Opacité. — Résonance. — Gaz naturels — Energie rayonnée. — Couleurs matérielles. — Polychroïsme. — Le cas du Caméléon.

VARIATIONS DE LA LUMIÈRE

La lumière se propage par des rayons animés d'une très grande vitesse et en arrivant sur un corps elle peut y subir quatre phénomènes principaux :

    La réfraction.
    La diffraction.
    La réflexion.
    L'absorption.

*
* *

RÉFRACTION

La lumière solaire projetée des parties supérieures de l'atmosphère, après avoir été déviée et transformée, nous arrive par réflexion en rayons diffusés, la nuit comme le jour.

Le changement de direction qu'éprouve la lumière en passant d'un milieu dans un autre s'appelle réfraction.

C'est à cause de la réfraction que le soleil et la lune nous apparaissent à l'horizon légèrement aplatis dans le sens vertical.

La réfraction due à l'atmosphère dévie les rayons lumineux qui nous parviennent des astres et, par suite, la distance zénithale que nous observons n'est pas la vraie.

* * *

Chaque couleur a sa réfrangibilité propre. A conditions égales un faisceau de rayons violets subit une déviation plus grande qu'un faisceau de rayons verts, un faisceau de rayons verts une déviation plus grande qu'un faisceau de rayons rouges. Donc les moins réfringents sont les rouges, les plus réfringents les violets (fig. 6).

* * *

DIFFRACTION

La diffraction c'est la déviation d'un rayon lumineux en rasant un corps opaque (fig. 7).

* * *

RÉFLEXION

La réflexion sur les corps peut être régulière ou irrégulière, profonde ou superficielle, suivant que les corps sont incolores et transparents ou transparents sans être incolores et que la lumière pénètre plus ou moins jusqu'à la surface des particules génériques.

La réflexion c'est le changement de direction d'un rayon lumineux arrivant sur un corps (fig. 8).

Le blanc réflète toutes les lumières. C'est pourquoi il est le plus employé dans les pays ensoleillés.

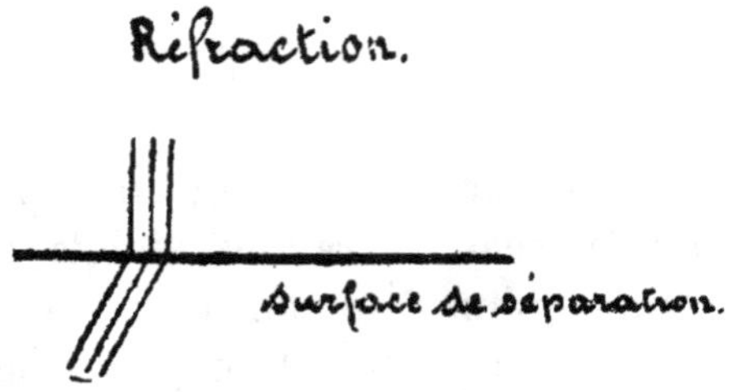

Réfraction.

surface de séparation.

Fig. 6

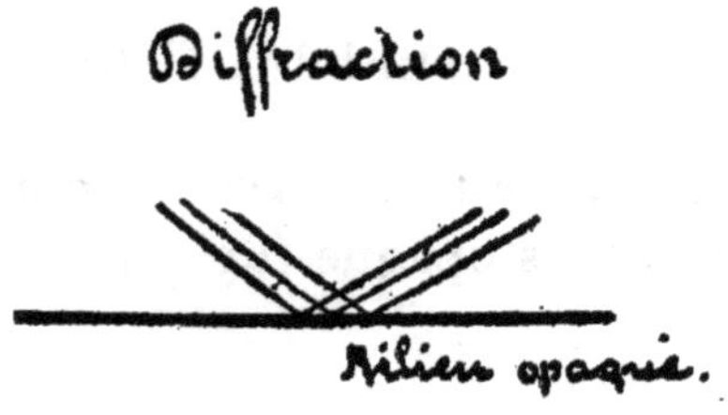

Diffraction

Milieu opaque.

Fig. 7

Réflexion. 𝓜

surface blanche
réfléchissante.

Fig. 8

ABSORPTION

L'absorption c'est la transformation d'une énergie en une autre énergie.

En chromatique, l'absorption peut être considérée comme l'extinction après une production de chaleur.

Le noir, si apprécié par les populations des pays froids, est non réflecteur, il absorbe toutes les lumières simples et les renvoie par transparence ou diffusion. C'est aussi un phénomène soustractif.

*
* *

L'absorption est le principal facteur de la coloration.

Le verre rouge laisse passer la lumière rouge et éteint les autres, un verre de couleur verte se laisse traverser par les lumières allant du jaune au violet, un verre de couleur violette se laisse traverser par les lumières rouges, bleues et violettes.

C'est un phénomène en étroite corrélation avec les facteurs physiques des corps et couleurs, de leur formule structurale et de leurs agrégats atomiques.

A noter : le chauffage d'un corps, notamment d'un corps simple, accentue sa coloration dans le sens d'une augmentation allant du violet au rouge. Ainsi, par exemple, comme le signale le Professeur Ovio, l'iodure d'argent, l'iodure double d'argent et de mercure, l'oxyde de zinc passent du jaune clair au rouge ; le borate de cuivre du bleu au jaune par le vert.

L'étude des spectres, avec réflexion totale, profonde ou superficielle, nous servira de terme de comparaison lorsque nous aborderons le captivant sujet des tissus dont nous nous couvrons (habillement) et de ceux dont nous nous entourons (ameublement).

Il n'est pas très facile de déterminer le phénomène d'absorption sans entrer dans le domaine ardu de la matière. Encore, convient-il d'être prudent même dans le cas d'hypothèse.

Cependant, on peut dire que l'absorption est le principal facteur de la coloration parce qu'elle intéresse toutes les lumières colorées sauf une, le rouge qui éteint presque toutes les autres lumières, suivant leur épaisseur et leur densité.

*
* *

TRANSPARENCE

On dit qu'un corps est transparent lorsqu'il se laisse traverser par la lumière et toutes les espèces de rayons.

*
* *

OPACITÉ

Lorsqu'un corps se laisse plus ou moins traverser par la lumière, il peut se produire une opacité simple ou une opacité partielle, soit que la lumière se trouve absorbée ou renvoyée par incidence.

*
* *

RÉSONANCE

Comme en acoustique, l'intervention du phénomène de résonance s'observe dans toutes les espèces d'énergies rayonnantes.

*
* *

GAZ NATURELS (Corps simples)

Voici quelques correspondances colorées avec les gaz naturels, à la température et à la pression critiques :

Hydrogène	bleu atmosphère,
Hélium	bleu-vert,
Azote	jaune serin,
Argon	jaune-vert,
Oxygène	rouge vif,
Gaz carbonique	noir exact.

*
* *

Dans son livre « *Le secret de la santé* » M. L. G. Rancoule (1) parle déjà du rapport des gaz naturels avec les couleurs. Il est, croyons-nous, un des premiers à leur avoir attribué une correspondance colorée.

Quoique sa correspondance soit quelque peu différente de notre répartition, ses interprétations confirment en beaucoup de points les nôtres.

*
* *

---

(1) Amédée Legrand, Édit. Paris.

ÉNERGIE RAYONNÉE

La lumière est une forme particulière de l'énergie rayonnée. Cette énergie comprend trois sources comme dans le radium :

1° Particules Alpha, à charge positive.
2°   —   Béta,   —   négative.
3° Rayons Gamma,   —   électro-magnétique.

C'est une règle à laquelle n'échappe aucune couleur. En effet, il est reconnu que les couleurs libèrent fragmentairement des particules positives et négatives, et d'autres, où coexistent une positivité et une négativité, une perturbation électrique ou électro-magnétique pouvant donner naissance à une quatrième nature de rayonnements, dits homopolaires, de charge et de décharge.

Ceci dit afin qu'on sache bien que le champ magnétique et le champ électrique agissent sur les radiations lumineuses et leur infusent un flux complémentaire, appartenant à l'une des quatre catégories ci-dessus.

COULEURS MATÉRIELLES

Les phénomènes constatés sur les couleurs spectrales se reproduisent dans les couleurs pigmentaires (appelées couleurs matérielles) qui ne sont pas des couleurs pures, parce qu'elles résultent du mélange d'autres couleurs.

Cette autre lumière colorée est le propre des corps plus ou moins opaques, ce qui fait admettre qu'ils sont au moins en partie transparents.

Suivant leur pouvoir réfléchissant, il arrive que des corps vus par réflexion ont une couleur complémentaire vue par transparence. Ex. : la feuille d'or très mince est jaune par réflexion, bleu-vert par transparence ; le cuivre est rouge vu par réflexion et vert vu par transparence. Mais les masses épaisses des couleurs matérielles réflètent, ou réfractent leurs propres couleurs. Le charbon réflète ou réfracte le noir ; le cinabre, le rouge vermillon ; l'orpiment, le vert ; le réalgar, l'orangé ; le manganèse, le violet-noir.

C'est ce qu'il est convenu d'appeler polychroïsme, lequel correspond à un changement de coloris causé par l'épaisseur ou la densité. Le bleu cobalt en tissu léger apparaît bleu-violet, et rouge en tissu épais ; l'acide picrique en couche mince est jaune, et tend au rouge en couche épaisse.

*
* *

Dans le domaine des couleurs matérielles nous trouvons sept termes principaux :

Violet, Indigo, Bleu, Vert, Jaune, Orangé, Rouge.

Trois couleurs sont dites fondamentales :
Le BLEU, le JAUNE, le ROUGE.

Trois autres sont dites complémentaires parce qu'elles résultent d'un mélange d'autres couleurs :
Le VIOLET, le VERT, l'ORANGÉ.

Une autre est dite intermédiaire :
L'INDIGO (Planche 1).

On sait d'ailleurs qu'un mélange de bleu et de jaune donne le vert, un de bleu et de rouge produit le violet et que le jaune et le rouge mélangés donnent l'orangé.

Cette subdivision est arbitraire, car le nombre peut en être considérablement augmenté, l'œil pouvant en distinguer plusieurs centaines.

Le Code Universel des couleurs en comporte **720** (1).

*
* *

POLYCHROÏSME

Le changement de coloris causé par l'épaisseur, la densité et le milieu s'appelle « polychroïsme ».

Les solutions colorées mises dans des récipients de plus ou moins grande capacité présentent une saturation plus ou moins grande, telles les aqueuses comme les rivières et la mer.

Nous ne nous étendrons pas davantage sur ce sujet, car nous estimons qu'il est facile de comprendre comment surviennent ces différences de tonalité.

*
* *

---

(1) Paul LECHEVALIER, Paris.

Citons, cependant, le cas du caméléon :

C'est un animal polychrome, c'est-à-dire qu'il se présente sous différentes couleurs suivant le milieu coloré dans lequel il se trouve, et suivant la nature des émotions qu'il éprouve.

Il a une couleur propre, mais dont la nuance change sous l'effet de causes accidentelles.

Sur un arbre vert il devient, par suite de reflet, d'un vert tendre. Animal craintif à l'excès, la peur produit probablement chez lui les nuances rouges, jaunes, noires, blanches dont il se pare.

CHAPITRE III

Mélanges des lumières. — Mélanges des couleurs matières. — Mélanges des lumières et matières. — Mélanges dichromes. — Mélanges trichromes. — Mélanges polychromes. — Couleurs secondaires.

MÉLANGES DES LUMIÈRES

Les mélanges des lumières s'obtiennent ordinairement par la projection, sur un panneau blanc, au moyen de lanternes munies de verres colorés différemment.

On se sert également de récipients transparents, remplis d'eau distillée colorée, mis en ligne dans le prolongement d'un champ d'illumination. Ce procédé sert à rechercher les égalités chromatiques.

C'est ainsi que si l'on dispose dans un champ lumineux blanc un litre d'eau distillée contenant :

10 gr. de Tartrazine
20 gr. de Patent bleu

et un autre litre contenant :

12 gr. 50 de Tartrazine
25 gr. de Bleu cyanol

on aura l'égalité chromatique quand les deux litres paraîtront également vert, à saturation identique.

De même que jaune et bleu mélangés donnent l'égalité chromatique avec le vert isolé.

Rouge avec jaune donnent l'égalité avec l'orangé isolé.

Nous pourrions citer le rouge et le violet mélangés qui donnent l'égalité du pourpre isolé. Mais la lumière pourpre, comme la blanche, n'existe pas isolément.

*
* *

MÉLANGES DES COULEURS MATIÈRES

Les composés de couleurs matérielles représentent des mélanges soustractifs dus au processus chimique, par l'extension ou la suppression de certaines d'entre elles, dont la principale caractéristique est de ne pas être pure.

*
* *

MÉLANGES DES LUMIÈRES ET MATIÈRES

Les lumières colorées et les substances colorées peuvent se mélanger directement.

La lumière du jour, si elle nous apparaît blanche, n'en est pas moins un composé de différentes sortes de radiations colorées, mélange par synthèse additive.

Le bleu lumière, ajouté au jaune lumière, deviennent complémentaires et donnent la lumière blanche. Tandis que le bleu matériel ajouté au jaune matériel donnent le vert pur, lequel n'a pas de complémentaire.

Le rouge ajouté au jaune, lumière ou matière, donnent les mêmes lumières orangées. Et, en mélangeant les six lumières du spectre on retrouve la lumière commune.

Un tissu teint avec du bleu de Prusse et un autre tissu teint avec de l'outremer donnent l'égalité chromatique de jour seulement. Mais, le soir, à la lumière artificielle, le premier apparaît vert, le second grisâtre.

Le bleu de Prusse (ou bleu cyanique) est moins pur que le bleu outremer.

On sait que le bleu de Prusse est obtenu en traitant le ferro-cyanure ou le ferri-cyanure de potassium avec des sels de fer.

C'est un excellent bleu, d'une belle intensité, mais qui ne résiste pas à la lumière artificielle parce qu'il reflète le bleu et le vert ; le bleu est affaibli par l'éclairage, le vert seul subsiste, tandis que le bleu naturel d'outremer, retiré de roches feldspathiques à base d'alun, de silex, de soude et de soufre est un bleu bien meilleur.

Plutôt rare et précieux, il fut toujours tenu en grande admiration.

Cette couleur parfaite est dite lazulite.

*
* *

Autre phénomène : le violet et le bleu vus dans l'obscurité donnent l'égalité.

*
* *

DIVERS MÉLANGES DICHROMES OBTENUS AVEC LES COULEURS MATÉRIELLES

Rouge + vert = Blanc
Bleu + orangé = Blanc
Rouge + violet = Pourpre
Blanc + noir = Gris
Rouge + noir = Marron
Bleu + noir = Indigo
Blanc + jaune = Paille
Blanc + rouge = Rose
Blanc + violet = Mauve

*
* *

PROPORTIONS DE QUELQUES MÉLANGES DICHROMES

5/6 de jaune + 1/6 de rouge donnent le roux,
5/6 de rouge + 1/6 de jaune — rouge fraise,
1/3 de jaune + 2/3 de rouge — r. vermillon,
5/6 de rouge + 1/6 de bleu — grenat,
1/4 — + 3/4 — — bleu outrem.
1/2 — + 1/2 — — violet,

*
* *

MÉLANGES TRICHROMES

Rouge + Jaune + Bleu = Blanc,
Rouge + Vert + Orangé = —
Rouge + Vert + Bleu = —
Blanc + Jaune + Violet = —

QUELQUES PROPORTIONS
DANS LES MÉLANGES TRICHROMES

1/6	jaune	1/6	rouge	4/6	bleu	= bleu turquoise,
2/5	—	2/5	bleu	1/5	rouge	= vert irlandais,
3/6	—	2/6	—	1/6	—	= vert russe clair,
5/11	—	5/11	—	1/11	—	= vert émeraude,
6/8	—	1/8	—	1/8	—	= vert éteint,
7/10	—	1/10	—	2/10	—	= rouge carminé,
2/13	—	1/13	—	10/13	—	= rouge de chine,
12/19	—	1/19	—	6/19	—	= rouge marron,
10/13	—	1/13	—	2/13	—	= orangé,
12/15	—	1/15	—	2/15	—	= ocre jaune,
5/8	—	1/8	—	2/8	—	= marron,
4/7	—	1/7	—	2/7	—	= chamois.

Bien entendu, la somme des composants chromatiques indiqués ci-dessus peut se traduire en gouttes s'il s'agit de travaux d'art photographiques ou cinématographiques à exécuter ; en centilitres, en décilitres, en litres, etc., s'il est question de gros travaux de teintures. Par ailleurs l'initiative personnelle interviendra dans l'établissement du coefficient de saturation désirée.

*
* *

MÉLANGES POLYCHROMES

Nous savons qu'en mêlant les six couleurs du spectre on obtient le blanc, comme l'incolore est le résultat du mélange, par disque tournant, des sept couleurs matérielles. Par ailleurs, quatre substances chromatiques : le rouge, le bleu, le vert-mer et le vert-feuille donnent aussi le blanc.

COULEURS DITES SECONDAIRES OBTENUES PAR MÉLANGES

1/2 rouge + 1/2 violet donnent le pourpre,
6/10 — + 4/10 — — pourpre-rouge,
4/10 — + 6/10 — — pourpre-violet,
2/10 bleu + 8/10 blanc — bleu ciel,
2/10 rouge + 8/10 — — rose,
2/10 violet + 8/10 — — mauve,
2/10 rouge + 2/10 bleu + 6/10 blanc donnent gris bleu

Nous pensons que ces quelques exemples sont suffisants pour fixer les idées et permettre à l'imagination des chromologues de déborder le cadre modeste de notre description.

*
* *

Chacun de ces mélanges, pris isolément, dégage une énergie rayonnante et transmet son action par contact ou à distance. Car notre œil n'est pas le seul organe capable d'en saisir la sensation. Notre organisme tout entier par ses nombreux points d'hyperesthésie, en subit l'influence bonne ou mauvaise.

En effet, la couleur est une énergie qui se transforme, se combine et se décompose. Cette énergie se transmet à notre épiderme, influence nos yeux et nos autres sens. Elle nous pénètre par la charge électrique liée aux tissus que nous portons ou qui nous entourent.

Elle se transforme dans notre organisme en vitalité ou en déficience, elle nous dispose à l'équilibre ou à l'instabilité de nos fonctions vitales, rehausse ou abaisse nos qualités physiques, met en harmonie notre pouvoir d'assimilation et d'élimination.

En respirant, en buvant, en mangeant, en dormant, nous assimilons plus ou moins facilement leurs radiations ou leurs représentants.

Comme ces derniers sont, les uns et les autres, à la base d'une vie totale, notre existence dépend du milieu coloré dans lequel nous vivons et des couleurs que nous portons.

*
* *

Cet exposé, si imparfait soit-il, nous fait déjà entrevoir cette fameuse question des reteintes et des replongeages, dont nous parlerons plus tard au chapitre « Couleurs et Toilettes ».

CHAPITRE IV

Champs de force. — Rayon fondamental. — Longueurs d'onde des couleurs. — Longueurs fondamentales. — Fréquence des couleurs. — Cercle chromatique. — Répartition de divers auteurs.

CHAMPS DE FORCE

La science des radiations et la radiesthésie nous apprennent que tous les corps, même les plus inertes, sont entourés de champs de force visibles ou invisibles, ont une fréquence variable mais un rayon constant dans toutes les directions de l'espace, et cela, à l'exemple des cercles concentriques qui entourent le point de chute d'un corps solide dans une masse liquide.

A l'image aussi d'un poste émetteur de T. S. F. qui s'auréole d'un champ d'ondes hertziennes ni froides, ni chaudes, ni visibles, ni sonores par elles-mêmes mais qui, cependant, ont le pouvoir de convoyer des discours, des conférences, du chant, de la musique que l'on peut entendre au moyen d'un appareil approprié appelé poste récepteur.

∗∗

Par analogie, on attribue aux radiations lumineuses un mouvement périodique qui, dans le vide, se propage de la même façon que toutes les autres radiations.

En conséquence, tout corps, quel qu'il soit, rayonne de l'énergie visible ou invisible. Il est entouré, dans toutes les directions, d'une sorte de radiosphère obscure, champ induit ou réagissant, qui va bien au delà de sa surface matérielle visible, champ inducteur ou excitant.

Ces radiations, que nous ne voyons pas, sont quelquefois plus agissantes que celles perçues par notre rétine. Ce cercle invisible rappelle assez l'image de certains météores : halo, arc-en-ciel, parhélie solaire (genre d'auréoles iridescentes visibles).

Cette émission circulaire augmente ou diminue de rayon suivant la matière. Elle est dite « isotrope » pour traduire simplement une indifférence de la direction de son rayonnement.

On peut la mesurer radiesthésiquement.

*
* *

Voici le procédé que nous utilisons :

Poser sur une table un aimant en fer à cheval de puissance moyenne, les deux pôles orientés vers le Nord magnétique, le pôle positif contre l'Ouest, le pôle négatif contre l'Est, dans le prolongement étendre un double mètre, une extrémité entre les deux pôles de l'aimant, l'autre extrémité dirigée vers le N. M.

On a ainsi un appareil de mesure électro-magnétique qui permet d'étudier la zone harmonique de toutes les substances.

Au centre des deux bornes de l'aimant contre l'extrémité du double mètre on place l'élément à mesurer. Supposons qu'il s'agisse d'une couleur, le violet, par exemple.

*
* *

Le pendule est présenté à l'état d'immobilité au-dessus du violet, après quelques secondes d'attente il se met à girer. La giration bien entretenue, on déplace la main tenant le détecteur dans l'axe du double mètre. Le pendule tourne sur un certain parcours pour s'arrêter ensuite.

La course effectuée pour le violet est de 0,07.
— — — l'indigo — 0,12.
— — — le bleu — 0,25.
— — — le vert — 0,30.
— — — le jaune — 0,39.
— — — l'orangé — 0,44.
— — — le rouge — 0,53.

En totalisant nous obtenons 2 m. 10 pour les sept couleurs principales.

*
* *

Procédant de la même façon sur le blanc, qui est la synthèse des sept couleurs, nous retrouvons 2 m. 10. De même que, si nous superposons les sept couleurs les unes au-dessus des autres dans l'ordre suivant : rouge, orangé, jaune, vert, bleu, indigo, violet (le rouge en bas, le violet en haut) nous avons encore 2 m. 10.

Alors que si nous troublons l'ordre, suivant que les couleurs sont plus ou moins mélangées, nous n'avons plus que des mesures incohérentes.

RAYON FONDAMENTAL

En dehors des champs de force dont nous venons de vous entretenir, il existe un autre rayonnement très particulier vers un point cardinal, toujours le même pour un corps considéré, et dont la longueur est proportionnelle à la masse de ce corps, à sa formule chimique, et, pour le même volume ou le même poids, à son dynamisme.

On le dénomme rayon fondamental ou rayon « anisotrope ».

Cela veut dire que la propagation n'est possible que dans une direction déterminée, direction dans laquelle chaque corps, et aussi chaque couleur, ébranle au maximum un milieu impondérable.

Comme l'émission polarisée du champ magnétique terrestre, et le circuit cinétique, le rayon fondamental se repère par deux coordonnées : déclinaison et inclinaison.

*
* *

L'image la plus fidèle qu'il soit permis de donner du rayon fondamental est celle d'un cône droit, dont le point fixe (sommet du cône) est appuyé contre une sphère (élément d'action), la pointe baignant dans les champs de force (résultante) et dont la base va s'élargissant dans l'espace bien au-delà de sa surface matérielle et de sa zone vibratoire (Fig. 9).

*
* *

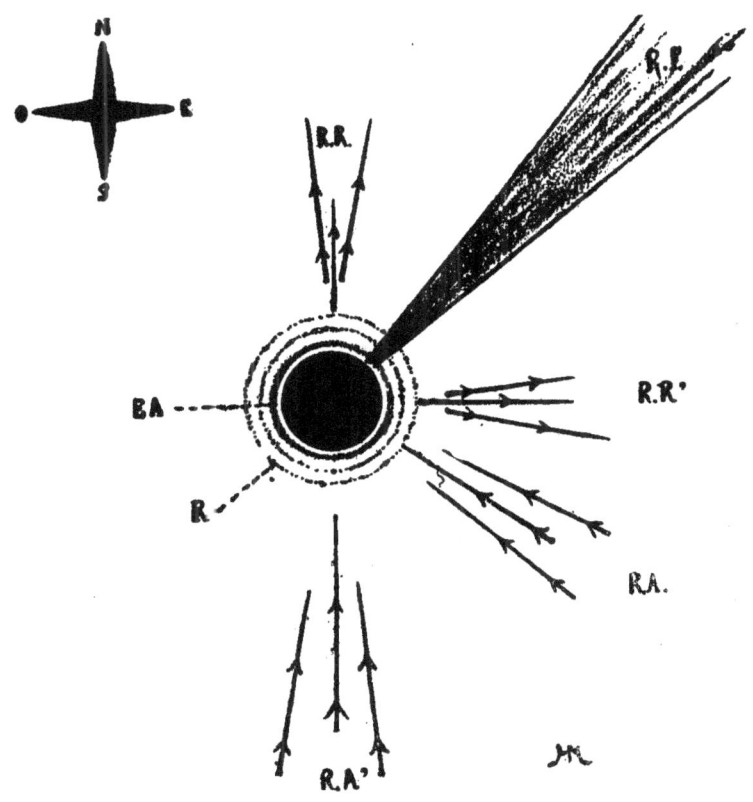

FIG. 9

En effet, ce pinceau radiant, avec sa direction cardinale fatidique, est plus ou moins oblique par rapport au plan horizontal. Il chemine généralement entre **35** et **65°** d'inclinaison.

* *

Les corps qui rayonnent sur la ligne du méridien Nord-Sud sont dits corps polaires, ceux rayonnant sur la ligne des pôles telluriques Ouest-Est sont dits corps équatoriaux.

Il en est qui rayonnent vers des points intermédiaires, on les dénomme corps semi-polaires et corps semi-équatoriaux.

* *

Du point de vue radiesthésique, c'est en passant le pendule autour d'une substance quelconque, en dehors de la surface sphérique des champs de force, que l'on recoupe le rayon fondamental.

* *

En employant cette méthode de détection sur les nuances les plus caractérisées du spectre chromatique, on trouve au pendule un rayon polarisé.

Ce rayon impressionne le système musculaire de l'opérateur lorsque son instrument passe sur le plan de vibrations.

S'il réagit dans le sens horaire, le radiesthésiste peut en déduire qu'il se trouve en présence d'une couleur positive dominante, alors que s'il tourne en sens inverse il s'agit très probablement d'une couleur à charge négative.

Nous verrons plus loin, au chapitre POLARITÉ DES COULEURS ce que nous entendons par couleur positive et couleur négative.

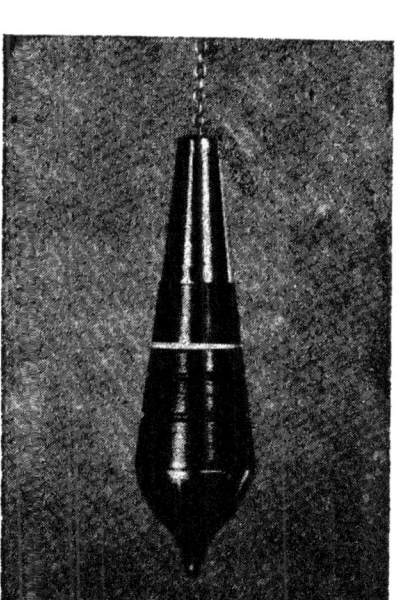

Pendule n° 2 Hector MELLIN.

Voilà exposée la théorie du rayon fondamental. Il se peut que des opérateurs habiles et entraînés trouvent d'autres azimuts que les nôtres ou les situent autrement, mais est-il bien certain que ceux-ci ne confondent pas les rayons incidents avec celui du rayon fondamental ?

En effet, outre le rayon fondamental, il existe d'autres rayons, réfléchis ou absorbés, qu'il ne faut pas confondre et que les lois habituelles de propagation nous permettent de différencier.

*
* *

Prenons une des trois couleurs fondamentales qui sont le bleu, le jaune et le rouge. Ainsi dénommées en chromatique, parce qu'elles sont pures d'origine et ne résultent d'aucun mélange.

*
* *

Disposons sur notre table de travail un disque bleu et passons le pendule tout autour. Nous obtiendrons cinq réactions dans cinq directions différentes. (Fig. 9).

La première en direction du Nord et du violet, la seconde Nord-Est sur le bleu, la troisième Est sur le vert, la quatrième Est-Sud-Est sur le jaune, et la cinquième Sud sur le rouge.

Or, le bleu reflète le violet, le bleu et le vert ; il absorbe le jaune et le rouge. Donc, trois rayons reflétés et deux absorbés, soit au total cinq directions que l'on trouve autour du bleu.

Mais comment savoir où se situe le rayon fondamental ? Voilà le problème à résoudre. A ce propos, il est nécessaire de fournir quelques précisions :

*
* *

C'est parmi les trois rayons réfléchis qu'il faut chercher le rayon fondamental.

Le pendule tourne faiblement en sens direct sur le Nord ou violet, et sur l'Est ou vert, alors qu'ordinairement il gire en sens négatif sur le violet (couleur négative) et successivement dans les deux sens sur le vert. Il tourne vigoureusement en sens inverse sur le Nord-Est ou bleu direction exacte du rayon fondamental du bleu. (Fig. 9).

*
* *

Restent les deux rayons absorbés.

Toujours en tournant autour du disque bleu le pendule gire négativement (sens indirect) sur le jaune et l'orangé (couleurs positives) pour traduire une répulsion de deux forces de même signe sur le même point, c'est-à-dire, entrée de vibrations jaunes et rouges à l'endroit du rayon fondamental de ces deux couleurs absorbées par le bleu.

Par ailleurs, dans les mêmes conditions d'élasticité éthérique, la vitesse de propagation d'un rayon fondamental n'est pas égale à celle d'un rayon réfléchi ou absorbé.

*
* *

Il y a là un phénomène qui n'est pas autre chose que le résultat de la transformation de l'énergie rayonnante du jaune et du rouge en un accroissement de la puissance vive du bleu. Cela est si vrai que si l'on dispose un écran au Sud du disque bleu et un autre à l'Est-Sud-Est, le rayon fondamental diminue d'intensité lumineuse, mais il subsiste, tandis que les rayons absorbés n'arrivent plus et que les rayons réfléchis se sont éteints complètement.

*
* *

En somme, le rayon fondamental se reconnaît à la façon dont il se propage, car il correspond à l'émission d'un grand nombre de particules se déplaçant à la vitesse de la lumière.

Les rayons absorbés sont à la base d'une transformation et changent de signe après absorption : une énergie devient une autre énergie.

Les rayons réfléchis sont des rayons plus ou moins déviés suivant l'indice relatif de la couleur.

Ce qui revient à dire que seul le rayon fondamental est à sa place avec sa polarité propre, les autres occupant des secteurs de signe opposé à leur charge et sans caractères manifestés nettement.

Voilà ce qui peut expliquer la cause d'erreur de 180° que font certains opérateurs en prenant un rayon absorbé pour le rayon fondamental, et qui démontre, peut-être aussi, une certaine analogie avec les cônes d'action de l'ingénieur en chef de l'aéronautique Pitois, Président de *l'Association Scientifique Française de Radiesthésie*, 7, rue de la Boule Rouge, Paris, IX°.

En conséquence, pour chercher, avec le maximum de précision le rayon fondamental d'un corps, il convient de se servir d'un tube noir, en partie fendu sur un de ses côtés, d'y introduire le corps à étudier et de déplacer le tube dans un sens giratoire.

Ainsi lorsque la fente passera en face du point cardinal correspondant au rayon fondamental, le pendule tournera sans être influencé par les rayons reflétés et absorbés.

*
* *

Lorsque nous indiquons le violet comme rayonnant au Nord, l'indigo au N-N-E, le bleu au N-E, le vert à l'Est, le jaune à l'E-S-E, l'orangé au S-E, et le rouge au Sud, nous voulons dire tous les violets, tous les indigos, tous les bleus, tous les verts, tous les jaunes, tous les orangés et tous les rouges.

*
* *

L'essentiel est de savoir interpréter. Les vrais radiesthésistes n'ignorent pas que l'interprétation est beaucoup plus difficile que l'exécution pendulaire.

Les catéchumènes devraient se souvenir de cette vérité et l'inscrire au prélude de leur prosélytisme, quoique la vérité soit parfois l'égal de l'invraisemblable.

*
* *

LONGUEURS D'ONDE DES RADIATIONS COLORÉES VISIBLES ET INVISIBLES

Nous n'insisterons pas sur la notion de longueur d'onde qui est trop connue des radio-électriciens ; mais nous tenons à faire remarquer que, si la fréquence et le pouvoir dynamique marchent de pair, les longueurs d'onde sont inversement proportionnelles.

En effet, les longueurs d'onde extrêmes, dans l'ordre croissant du sens horaire, de l'O-N-O au S-S-O, soit des rayons X à l'infra-rouge, vont de **0,005 Angstrom à 10 m/m.**

Extrêmes des rayons X   0,005 Å à   144 Å.
—   Ultra-violet 145 Å   à 3.000 Å.
—   Lumière visible 0,39 micron à 0,8 micron.

le violet s'établit sur une moyenne de 0,41 micron.
le bleu   —   —   —   0,47   —
le vert   —   —   —   0,52   —
le jaune   —   —   —   0,58   —
l'orangé   —   —   —   0,60   —
le rouge   —   —   —   0,65   —

Extrêmes de l'infra-rouge 1 micron à 10 m/m.

En dehors d'une gamme impressionnante de longueurs d'onde dans chaque catégorie, que nous nous abstiendrons de décrire, n'oublions pas que les rayons X, l'ultra-violet, le violet et le bleu sont à ondes brèves et ont pour caractéristique d'augmenter de pouvoir réfrigérant à mesure que l'on s'éloigne du bleu pour gagner les limites extrêmes des rayons X ;

D'autre part, le jaune, l'orangé, le rouge et l'infra-rouge sont à ondes longues et possèdent une activité chimique d'autant plus calorifique que l'on s'éloigne du jaune pour atteindre les limites extrêmes de l'infra-rouge.

Légende : m/m millimètre, micron (millième de millimètre) Angstrom (dix millionème de millimètre)

Il nous apparaît, dès lors, possible d'établir une règle analogue à celle de la physique dans la loi de l'élévation progressive de la chaleur des corps.

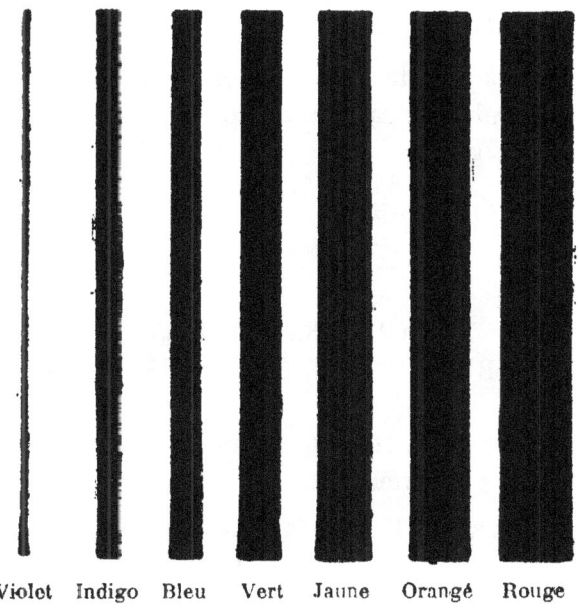

Violet Indigo Bleu Vert Jaune Orangé Rouge

Fig. 10

On sait, en effet, que si l'on élève progressivement la chaleur d'un corps, en partant du froid, il passe par toute une gamme de couleurs et de radiations et diminue graduellement de longueur d'onde au fur et à mesure qu'il s'approche de l'incandescence (station des ondes les plus courtes).

Ceci démontre que plus les ondes colorées sont courtes, plus elles sont pénétrantes et moins elles provoquent de chaleur.

A la faveur de ces remarques, nous pouvons nous représenter que le violet, pénétrant à la manière d'une vrille, engendre moins de chaleur que le rouge, lequel est à ondes beaucoup plus larges et offre plus de surface au corps à pénétrer.

Le tableau ci-dessus montrera mieux que nous ne pourrions l'expliquer la différence de surface de chaque onde colorée (Fig. 10).

*
* *

LONGUEURS FONDAMENTALES ET DIRECTIONS CARDINALES DES COULEURS

Il s'agit maintenant de ne pas confondre longueur d'onde et rayonnement.

La longueur d'onde fait partie d'un ébranlement circulaire et le rayon fondamental d'un ébranlement en ligne droite traversant la zone des ondes circumjacentes d'un centre émetteur.

Violet	0 m 80	direction	Nord,
Indigo	0 m 95	—	N-N-E,
Bleu	1 m 05	—	N-E,
Vert	1 m 10	—	Est,
Jaune	1 m 25	—	E-S-E,
Orangé	1 m 35	—	S-E,
Rouge	1 m 50	—	Sud.

Au total 8 m. pour les sept couleurs principales.

Partant du même principe et suivant la même méthode, au radiocampimètre Larvaron, ou avec notre vitalomètre, nous mesurons le blanc, ensemble des sept couleurs, et trouvons également 8 m. avec angle azimutal Nord-Ouest.

*
* *

FRÉQUENCE DES COULEURS

Si les couleurs représentent autant de rayons lumineux différents, il n'est pas douteux qu'elles comportent un nombre aussi varié de vibrations.

En voici le tableau, d'après le sens d'orientation que nous venons d'exposer :

Ultra-violets	3.000	trillions de vibrations par seconde,
Violet	770	—
Indigo	710	—
Bleu	650	—
Vert	580	—
Jaune	530	—
Orangé	500	—
Rouge	450	—
Infra-rouges	50	—

*
* *

Il est bien certain que dans une couleur on trouvera toute une gamme de coloris avec autant de fréquences diverses.

C'est ainsi que :

Le Bleu cyanique aura 740 de fréquence,
Le — cobalt — 710 —
Le — prusse — 670 —

La fréquence de ces vibrations augmente dans le sens inverse des aiguilles d'une montre, en partant du noir pour aller vers le blanc. Le pendule suit fidèlement cet accroissement et tourne plus vigoureusement sur le blanc que sur le noir. Il s'écarte nettement de sa position symétrique en girations maxima sur le blanc, alors qu'il tend à revenir à son point d'équilibre stable sur le noir.

**

CERCLE CHROMATIQUE

Les études précédentes nous permettent de répartir sur une circonférence graduée à 360° les points occupés par les radiations visibles et invisibles.

Dans ce but, il est classique de représenter deux moitiés nettement définies : l'une qui va de 0° à 180°, l'autre de 180° à 360°.

C'est ainsi que, pour l'arc lumineux, les sept couleurs principales s'étalent du Nord au Sud par l'Est. Quant à l'arc obscur, il occupe toute la partie allant du Sud au Nord par l'Ouest. (Fig. 11).

ARC LUMINEUX

Violet .... à 10°
Indigo .... à 25°
Bleu .... à 45°
Vert .... à 90°
Jaune .... à 135°
Orangé .... à 155°
Rouge .... à 175°

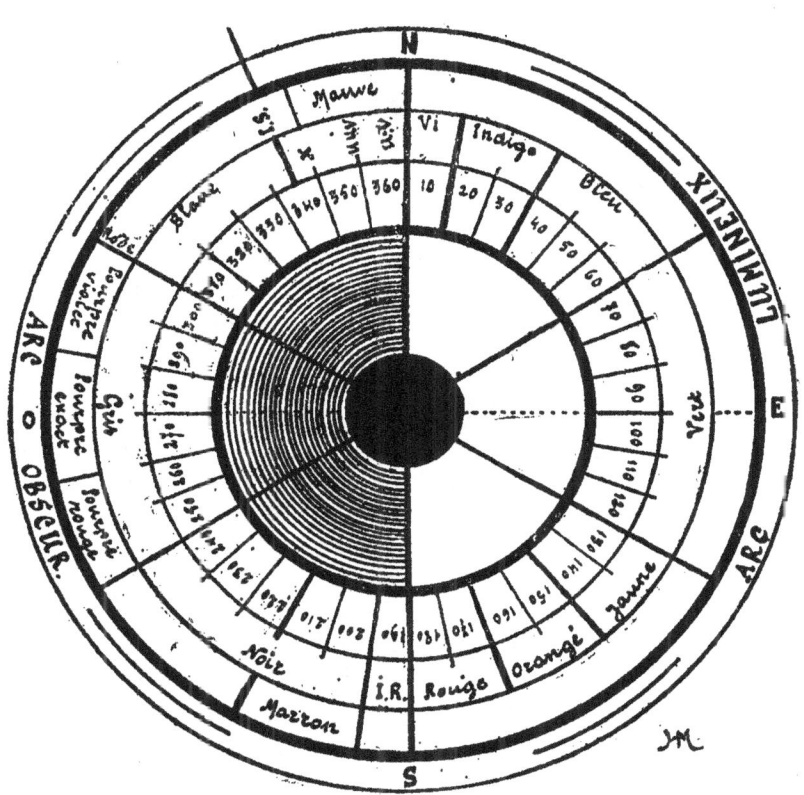

Fig. 11
Cercle Chromatique. H. Mellin.

ARC OBSCUR

Infra-rouge .... à 185°
Noir .... à 210°
Gris .... à 270°
Blanc .... à 320°
Indigo spectral .... à 340°
Rayons X .... à 345°
U-Ultra-violet ..... à 350°
Ultra-violet .... à 355°

— 64 —

D'après les secteurs occupés, on se rend compte que les bandes sont inégalement réparties et que la place attribuée à chaque spectre est considérée comme centre de position.

* *

Dès lors, il est relativement facile de situer l'emplacement approximatif des nombreuses couleurs intermédiaires, y compris les couleurs secondaires.

Nous appelons couleurs secondaires celles résultant d'un mélange dans lequel dominent des tons extrêmes.

Voici, d'après nous, les positions circumzénithale et circumnadirale de quelques-unes d'entre elles :

> Mauve .... à 350°
> Rose .... à 290°
> Pourpre-violet ...... à 285°
> Pourpre exact ...... à 270°
> Pourpre-rouge ..... à 255°
> Marron .... à 200°

* *

Pour renseignements plus détaillés nous conseillons à nos lecteurs de se reporter à notre nouveau disque émis séparément (1).

Ce travail résume et complète nos ouvrages sur « *Secrets des couleurs* » et comporte un certain nombre de plans azimutaux concernant les astres et les planètes ; les roches, les minerais et métalloïdes ; les végétaux, les fleurs

---

(1) Format 66 × 56. Tirage limité de 1 à 500. Maison de la Radiesthésie, 16, rue Saint-Roch, Paris et à l' « Union Graphique », 24, rue Laugier, Paris.

— 65 —

et les parfums ; les glandes principales, les microbes les plus courants, certains états pathologiques, diverses tendances psychiques, morbides et pathogènes, les couleurs et les lumières.

C'est au moyen de ce disque que chacun pourra éviter les éléments néfastes et bénéficier des choses fastes ; en un mot, corriger ou développer ses penchants ou ses qualités dans la mesure où il lui est possible de le faire.

Il est bien certain que cette distribution peut se faire sur une ligne droite, mais la disposition sur une circonférence nous apparaît plus justifiée afin de faire ressortir plus correctement chaque orientation.

Il résulte des considérations précédentes, que les spectres les plus larges sont le vert et le gris ; le premier correspondant au plan de morbidité, le second au plan de toxicité.

C'est pourquoi nous estimons que la circonférence nous sert mieux qu'une ligne droite, car la répartition rectiligne nous semble arbitraire.

Telles sont les raisons qui nous ont incité à employer le cercle chromatique. Au reste, à l'usage, et par extension pour exprimer la totalité des caractères spécifiques de notre méthode, nous signalons que cette dernière jouit d'une précision suffisante dans l'étude des corps complexes, et nous permet d'obtenir des indications précieuses, sur une constitution suffisamment connue, comme sur une inconnue et son rapport avec tel plan fondamental ou azimutal.

*
* *

Ce procédé, qui peut sembler original, n'est certainement pas à la portée des néophytes, au point que chacun d'eux puisse obtenir des résultats constants. Mais, en ce qui nous concerne, il nous fait arriver à des conclusions pratiques, d'une signification profonde, dans un grand nombre de circonstances et d'études.

*
* *

Nous engageons donc tous les radiesthésistes scientifiques et sérieux à étudier cette technique et à l'appliquer dans leurs travaux. Ils constateront, grâce à un certain doigté, acquis par l'habitude et leur sensibilité accrue, que les recherches les plus variées seront abordées avec une sûreté qui les laissera parfois rêveurs, en face de succès s'approchant de la vérité, concordant avec l'analyse chimique ou biologique.

*
* *

C'est pour cela que nous attachons une grande importance à la théorie du rayon fondamental, et qu'elle mérite d'être prise en considération, aussi bien qu'une autre constante physique ou optique.

*
* *

Un intérêt spécial s'attache au fait de connaître l'angle azimutal d'un rayon fondamental et la couleur s'y rapportant, afin de retrouver l'expression de la constitution chimique dominante de tout ce qui est animé ou inanimé.

*
* *

Pour clore ce chapitre, ajoutons qu'un corps composé n'a pas obligatoirement autant de rayons fondamentaux que de composants. Il n'y a qu'un rayon fondamental caractéristique de l'alliage et du mélange. Le tout s'établit sur une fréquence moyenne.

Exemple : le bleu qui rayonne à 45°, et le jaune à 135° forment le vert pur avec fréquence à 90° et orientation Est. C'est-à-dire juste au milieu des rayons fondamentaux du bleu et du jaune.

*
* *

Loin de nous la pensée de prétendre au monopole de la recherche du rayon fondamental. Nous avons eu des devanciers qui depuis longtemps, se sont attaqués à ce problème. Citons feu l'Abbé MERMET qui en est l'inventeur, MM. LARVARON et Henri MAGER.

*
* *

Si l'on veut dégager de l'ensemble des méthodes une chromatique générale, on se trouve en présence d'avis différents, quant au sens d'orientation des couleurs.

Faut-il en conclure à une opposition formelle entre les divers auteurs et reconnaître une définition totalement opposée ?

Ce serait contraire à l'observation.

Quoiqu'il en soit, nous allons énumérer les classifications qui ont été portées à notre connaissance :

*
* *

Répartition radiesthésique du Professeur LARVARON dont le nom fait autorité en matière de radiotellurie et de Radiobiologie (1).

Violet	de 332 à 25°	suivant la teinte,
Bleu	de 25 à 67°	—
Vert	de 67 à 110°	—
Jaune	de 110 à 145°	—
Orangé	de 145 à 160°	—
Rouge	de 160 à 200°	—
Gris	**de 200 à 245°**	**—**
Noir	de 245 à 293°	—
Blanc	de 293 à 332°	—

*
* *

D'autre part, le Colonel CORRENSON écrit dans « *La Chronique des Sourciers* » (2) (Directeur Vicomte Henry de FRANCE) qu'il trouve les mêmes directions d'orientation que nous.

*
* *

---

(1) Voir « *Radiobiologie* » chez M. LARVARON, 5o, rue du Pré-Botté, à Rennes (I.-et-V.).

(2) La chronique des Sourciers, château d'Arry, par Rue (Somme).

Dans son magnifique ouvrage « *Vie, Maladies, Radiations* » (1), le pharmacien Gabriel Lesourd fait figurer à la page 109 de son livre un cadran sursolaire divisé en 12 secteurs.

Neuf de ces secteurs sont occupés par les couleurs, trois ne le sont pas.

Les couleurs et les teintes sont ainsi réparties :

Secteur 1 jaune, 2 vert, 3 bleu, 4 indigo, 5 violet, 6 blanc, 7, 8 et 9 sans affectation, 10 noir, 11 rouge, 12 orangé.

Afin de mieux faire voir l'espace qui sépare les deux extrêmes blanc et noir, étalons cette fois les couleurs sur une ligne droite :

1	2	3	4	5	6	7	8	9	10	11	12
Jaune	Vert	Bleu	Indigo	Violet	Blanc				Noir	Rouge	Orangé

Sans doute, M. Lesourd a-t-il voulu laisser libre la place du gris ? Nous inclinons à le penser.

Il serait donc, en principe, d'accord avec nous pour reconnaître que le gris ne peut raisonnablement pas se loger autre part qu'entre le blanc et le noir. D'ailleurs, cette conclusion semble normale du point de vue chromologique.

---

(1) Chez l'auteur, 36, rue des Petits-Champs, Paris, ainsi que son Journal bimestriel « *Etudes radiesthésiques* ».

D'un autre côté, nous arrivons aux mêmes conclusions radiesthésiques que M. Henri Mager, le célèbre radiophysicien lequel, il y a une vingtaine d'années, fut le premier à attribuer un plan azimutal à chaque couleur en les classant autour d'une rosace avec huit secteurs colorés et orientés ainsi qu'il suit :

    Violet   Nord,
    Bleu   Nord-Est,
    Vert   Est,
    Jaune   Sud-Est,
    Rouge   Sud,
    Gris   Sud-Ouest,
    Noir   Ouest,
    Blanc   Nord-Ouest.

*
* *

Comme on peut le voir, par les exposés qui précèdent, nous ne différons que sur le noir et le gris.

Cette série de concordances n'est-elle pas une sérieuse référence pour les partisans de la loi des grands nombres ?

N'est-elle pas aussi une réponse décisive à ceux qui taxent de conformisme des opérateurs sincères et impartiaux qui prennent la peine d'étudier le sens profond des interactions souvent mystérieuses des corps et notamment des couleurs ?

Mais, pourquoi, dira-t-on, cette différence du noir et du gris, par d'identiques procédés d'investigation ?

Tâchons d'élucider cette question :

Si nous étudions radiesthésiquement et objectivement chaque couleur matérielle nous trouvons, comme déjà signalé, que le vert, mélange de bleu et de jaune, radie entre les deux, dans le secteur Est.

Quant au gris, tout le monde sait qu'il résulte d'un mélange de blanc et de noir.

Or, les auteurs cités attribuent, comme nous d'ailleurs, un plan azimutal Nord-Ouest au blanc.

*
* *

En toute logique, la fréquence moyenne du gris, au même titre que le vert, ne peut, d'après nous, se situer ailleurs qu'entre le blanc et le noir. A l'exemple encore de l'orangé entre le rouge et le jaune, de l'indigo entre le violet et le bleu, du pourpre entre le rouge et le violet, de la pénombre, point médian, où la lumière du jour se fond avec l'ombre de la nuit, autant de phénomènes comparatifs de base.

*
* *

On comprendra pourquoi, sans préférence injustifiée, en vertu des lois de l'analogie et sous le bénéfice de nos travaux et de ceux de nos élèves, nous admettons que le gris ne peut faire exception aux règles des mélanges précités.

En attendant, sauf erreur de notre part, « Non Omnia Possumus Omnes », nous affectons le gris à l'Ouest et le noir au Sud-Ouest.

*
* *

D'autres opérateurs, et non des moindres, ont étudié l'action radiesthésique des couleurs. Citons : les Docteurs Foveau de Courmelles, Jules Regnault (1), Leprince, Paul Chavanon, le Docteur Vétérinaire Desjacques, le Professeur Bosset, Jacqueline Chantereine, etc. Mais comme leurs travaux concernent plus spécialement la médecine des couleurs, nous les citerons aux divisions Chromodiagnostic et Chromothérapie.

FIN DE LA PREMIÈRE PARTIE

---

(1) La Côte d'Azur Médicale, Revue scientifique des Radiations, 14, rue Peirese, Toulon.

DEUXIÈME PARTIE

RADIESTHÉSIE DES COULEURS

DEUXIEME PARTIE

CHAPITRE V

Méthode opératoire. — Actions colorées et incolores. — Classification RANCOULE. — Classification de l'auteur. — Glande pinéale. — Symbolisme et action des couleurs.

MÉTHODE OPÉRATOIRE

On voudra bien nous excuser de ne pas donner ici une technique opératoire radiesthésique. Nous prions nos lecteurs de se reporter à notre ouvrage « *Radiesthésie Domestique et Agricole* », lequel comporte une méthode très détaillée qui a fait de nombreux adeptes depuis 1934, époque à laquelle nous avons créé le Collège de Radiesthésie en l'hôtel des Sociétés Savantes à Paris, et en Belgique, où nos amis belges, de leur propre aveu, au Congrès International de Radiesthésie de Liège 1939, s'instruisent et enseignent d'après la méthode MELLIN.

*
* *

C'est dans cet ouvrage, illustré de nombreuses figures, nourri de multiples exemples, d'expériences et de renseignements, que l'on puisera les moyens de devenir radiesthésiste et, pour qui l'est déjà, ceux de se livrer à des recherches comparatives et variées dans le domaine de la vie courante.

Ce livre prend sa place à côté de « *Secrets des Couleurs* », dont il est le complément indispensable.

A ce sujet, qu'on veuille bien nous permettre de citer l'opinion de la Société Astrologique de France 44, rue Turbigo, Paris 3ᵉ :

« Ici, les idées sont en ordre, la méthode claire, les phrases courtes, les mots précis.

M. MELLIN est un praticien de grande classe, un observateur de la nature, sans préventions, pour qui le fait inlassablement contrôlé guide l'artisan, conduit à l'hypothèse et formera l'élève comme il a forgé le maître.

Le néophyte y est mis au point, averti, pris par la main et conduit au bord du champ, c'est la vie courante : la maison dans tous ses recoins, tous ses usages ; c'est le jardin, c'est la basse-cour, le cheptel, la culture.

Que l'on regarde la radiesthésie en curieux, en amateur, en usager ou en praticien, on trouvera là un grand livre » (1).

***

On comprendra pourquoi nous préférons réserver le maximum de place à nos nouveaux travaux afin d'y relater un grand nombre de phénomènes para-scientifiques, ésotériques et exotériques, des mondes mystérieux où le

---

(1) Imprimerie Saint-Denis, 11, Avenue Saint-Jean-d'Angély, Niort, et à la Maison de la Radiesthésie, 16, rue Saint-Roch, Paris. *Franco* 22 fr.

naturel rejoint le surnaturel, c'est-à-dire qui, paraissant à l'heure actuelle encore en marge de la science, s'intégreront plus tard à elle-même.

⁎

Nous avons tant de choses à dire à nos lecteurs sur le passionnant problème des couleurs, leurs équivalences, leurs analogies, leurs répulsions, leurs attractions et celles des corps minéraux et organiques tant terrestres que célestes (métaux, pierres précieuses, fleurs, parfums, auras, météores, microbes, ameublement, toilettes, notations chimiques, figures géométriques, magie des couleurs, etc. etc.), que nous ferons paraître un autre volume pour faire suite au présent ouvrage et le compléter.

⁎

ACTIONS COLORÉES ET INCOLORES

Disons tout de suite que trois couleurs offrent généralement des sensations pénibles :

Le Rouge, le Jaune, le Vert.

Plus elles sont foncées plus elles provoquent de malaises.

Quatre autres sont dites de bien-être :

Le Violet, le Bleu, l'Indigo, l'Orangé.

Quoiqu'on fasse, il est impossible d'éviter ces impressions.

Il est un fait qu'une couleur constitue une série de

vibrations lumineuses ou obscures, une énergie potentielle qui jouent à la lumière du jour comme dans l'obscurité.

* * *

Une sensation colorée est toujours accompagnée d'une sensation incolore. Ceci est si vrai que, si une couleur se décompose, les deux sensations la suivent dans sa désintégration.

La couleur agit donc avec ou sans éclairage, elle irradie en son champ de force et en son rayon fondamental une influence que nous subissons malgré nous et sans le savoir, soit par la rétine, soit par notre épiderme à la fois si sensible et si compliqué.

* * *

Il est prouvé que certains d'entre nous ont une tendance plus accusée que d'autres à assimiler plus particulièrement telles radiations plutôt que telles autres. Comme les couleurs appellent les radiations analogues émanant de corps correspondants : les uns et les autres sont des moyens au service d'une fin, ils déterminent une résultante dans la vie organique, résultante qu'il est aussi impossible de nier que d'en expliquer les phases et les évolutions.

* * *

D'après Joly, Schanz et d'autres chromologues, les couleurs sont des stimulants physiques capables de se transformer en stimulants physiologiques.

Fleicher explique qu'elles sont des transformateurs d'énergie électrique.

C'est là, sans doute, l'explication du courant d'électricité qui, circulant dans nos organes, semble dû à la chaleur du sang en raison de ses composants ferrugineux. Et c'est, selon nous, à ce dernier courant que vient s'ajouter celui engendré par les couleurs que nous portons et qui nous entourent. C'est aussi à cette double influence que nous devons nos sensations agréables ou désagréables, que nous sommes aimables ou agressifs, vigoureux ou lymphatiques, alcalins ou acides.

*
* *

Exemple : le Bleu appelle les radiations de l'hydrogène, le Jaune celles de l'azote, le Rouge celles de l'oxygène.

Le lecteur a déjà deviné que si nous manquons d'hydrogène nous porterons du Bleu, nous éviterons le Jaune si nous avons trop d'azote, et nous nous abstiendrons de porter du Rouge si nous débordons d'oxygène.

Alors ! Sans y prendre garde, le faible incorporera les radiations bleues, le fort les radiations rouges.

Pour l'un comme pour l'autre cet excès crée le déséquilibre oscillatoire des fonctions vitales.

Manque d'énergie chez le premier, pléthore énergétique chez le second.

*
* *

Voici un passage d'une communication faite par le Docteur Allendy qui semble confirmer ce qui précède :

« Les substances chimiques se portent tout naturellement vers l'organe qui, normalement, en contient le plus : La chaux vers les os, l'iode vers la thyroïde et les ganglions lymphatiques, le soufre vers la peau, le fer vers le foie, l'azote vers les reins qui éliminent les produits azotés ».

Or, au même titre que les produits organiques en raison de leur composition, les couleurs avec leurs radiations correspondantes, suivent une destination identique dans un même élan synergique.

Ainsi s'expliquerait par l'action colorée produite chez l'homme sain l'apparition des symptômes de l'affection qu'elle guérit chez le malade, phénomène que nous avons souvent constaté.

*
* *

CLASSIFICATION DE M. RANCOULE

Le Bleu   est à radiations vitalogènes,
Le Jaune   —   —   compensatrices,
Le Rouge   —   —   énergétiques,
Le Violet   —   —   essentiellement psychiques,
Le Vert   —   —   calmantes,
L'Orangé   —   —   corporo-psychiques,
L'Indigo   —   —   vitalo-psychiques.

*
* *

NOTRE CLASSIFICATION

Le Violet	est à radiations	psychiques,
L'Indigo	—	vitaminantes,
Le Bleu	—	anesthésiantes et chromophagocytaires,
Le Vert	—	perturbatrices et dépolarisantes,
Le Jaune	—	vitalisantes,
L'orangé	—	équilibrantes,
Le Rouge	—	calorigènes,
Les Infra-rouges	—	d'ordre chromoblastique,
Le Noir	—	hyperacidifiantes,
Le Gris	—	intoxicantes,
Le Blanc	—	d'ordre chromoleucocytaire et alcalinisantes,
Les Rayons X	—	hypercalcifiantes,
Les Ultra-violets	—	calcifiantes.

*
* *

GLANDE PINÉALE

On connaît ce petit corps de forme ovoïde qui se trouve dans le cerveau, au-dessus des tubercules quadrijumeaux, en avant du cervelet, et que l'on nomme glande pinéale, de « Pinea », pomme de pin.

Cette glande a une fonction merveilleuse sans qu'on s'en doute. Elle semble être l'organe de la clairvoyance, de la vision et de la télépathie, qui émet et reçoit les ondes-pensées, et son fonctionnement dépend des couleurs.

Dans l'*Astrosophie* (1), sous la signature de M. Louis Metcaife, nous lisons que Cartesius lui attribuait une importance considérable, puisqu'il trouve et démontre que la glande pinéale est le foyer de l'âme. D'après le même auteur, dans la même revue, il est dit que, selon le système tantrique, la manifestation de l'énergie cosmique qui porte le nom de « Prana », se trouve diffusée dans l'organisme à travers sept centres nommés « Chakras ». Les deux courants sont situés à droite et à gauche de l'épine dorsale : la « Pingala », à droite conduit le courant positif, ou solaire, et l' « Ida », à gauche, conduit le courant négatif, ou lunaire.

Ce qui précède vérifie pleinement ce que nous savons de la glande pinéale.

En effet, nous admettons que la glande pinéale est divisée en deux parties : la première chargée négativement absorbe toutes les radiations négatives, la seconde chargée positivement absorbe toutes les radiations positives.

Cela signifie que les premières favorisent le nanisme et que les secondes prédisposent au gigantisme.

*
* *

Chez les pigmées, peuple de nains habitant les forêts épaisses de l'Afrique Centrale, la glande pinéale n'absorbe

---

(1) *L'Astrosophie*, Revue Mensuelle, Avenue Cap-de-Croix, Cimiez, Nice.

que les radiations négatives de l'ambiance chlorophyllienne. Par contre, les nègres du même Continent — qui suivent l'exemple de certains animaux, affectionnent tout particulièrement le rouge, couleur propre aux régions ensoleillées — assimilent davantage les radiations rouges, ce qui en fait parfois des hommes-géants.

Fig. 12

Il faut dire aussi que le goût des indigènes vient également des couleurs végétales dont disposait leur race, et que leurs enfants, qui sont nés dans ces habitudes, ont souvent conservées par une routine inconsciente. Disons aussi : plus le cerveau est raffiné, moins ses sens ont besoin de couleurs violentes.

M. Léon Chrysis, en nous adressant la figure que nous reproduisons ci-dessus, nous signale le fait suivant : (Fig. 12).

Les Egyptiens paraissent avoir connu l'existence et le rôle de la glande pinéale.

On constate sur leurs stèles, des antennes réceptrices et émettrices, posées sur la tête au moyen d'une mitre mettant en contact les deux côtés de la tête à la hauteur de la dite glande pinéale.

Nos évêques, lorsqu'ils officient en habits pontificaux, portent encore une mitre pointue terminée à l'arrière par deux fanons d'étoffe.

A remarquer que ces deux fanons prennent naissance à hauteur de la glande pinéale.

Même coutume constatée sur le bonnet de nos grand'-mères, de nos bretonnes en particulier, et plus spécialement sur la coiffure des nourrices et des bonnes d'enfants.

*
* *

Ce sont là des attributs dont on ne connaît certainement plus ni la signification ni l'action.

Si nous tentions d'en donner l'explication, nous dirions que ces antennes en tissu ne sont pas autre chose que l'application inconsciente d'un système se rapprochant des antennes et antennules dont sont munis certains articulés (arthropodes et hexapodes), sortes d'appendices renfermant les organes sensoriels, par lesquels ils reçoivent l'impression des forces extérieures et émettent leurs sensations internes et externes.

*
* *

SYMBOLISME ET ACTION DES COULEURS

Le mauve correspond à la spiritualité, à l'occultisme.
Le blanc à l'optimisme, la joie, la douceur, la pureté, la vie.
Le violet à la tristesse,
L'indigo à la dévotion, à la générosité,
Le bleu saturé à une nature gaie et joyeuse,
Le bleu tendre à la sénilité, à l'insouciance, à l'enfance,
Le vert bleu à l'altruisme,
Le vert vif à une nature superficielle,
Le vert gris à la jalousie,
Le jaune serin à la nonchalance,
L'orangé à la santé équilibrée, à la tranquillité, à la réflexion,
Le rouge clair à la vigueur,
Le rouge vif à un caractère irritable, autoritaire.
Le rouge foncé à la sensualité,
Le pourpre rouge à l'hystérie charnelle,
Le pourpre pur à la solennité,
Le pourpre violet à l'hystérie mentale,
Le marron à la satisfaction,
Le marron clair à la gravité,
Le brun à l'égoïsme,
Le brun vert à la rancune, à la malveillance,
Le noir au pessimisme, à la mélancolie, à la mort,
Le gris sale à la peur,
Le gris vert à la ruse, à la traîtrise.

**

Pourquoi donc négligerions-nous de nous intéresser aux couleurs, lorsque nous voyons toutes les espèces vivantes affectionner les unes et fuir les autres ?

Les crustacés y sont sensibles.

Les savants de Cuxhaven n'ont-ils pas découvert que les navires qui vont le plus vite sont ceux peints en vert et en rouge. Ceux qui vont le moins vite sont ceux peints en bleu et en blanc.

Pourquoi ?

Parce que les crustacés qui se collent aux carènes des navires ont une prédilection très accusée pour le bleu et le blanc, tandis qu'ils ont en horreur le vert et le rouge.

C'est la série de résistances opposées par leurs coquilles qui ralentit l'allure du bateau.

*
* *

Le fait de pêcher la grenouille avec du rouge, et celui de présenter cette couleur au taureau ou au dindon, pour les rendre agressifs et furieux, ne méritent-ils pas d'être retenus ?

Ne voit-on pas les mouches accorder leur préférence aux couleurs tendres comme le rose, le vert pâle, le jaune citron, et éviter le brun, le noir ou le bleu ?

Les fourmis s'éloignent du violet pour rechercher la lumière orangée.

*
* *

Les papillons vont sur les fleurs qui portent leurs propres couleurs.

Les abeilles aiment les fleurs bleues et jaunes, les femmes blondes ; mais pas les habits noirs, ni les brunes. Les couleurs sombres leur sont désagréables. Cette aversion pour le noir est telle que les apiculteurs ont remarqué qu'il était préférable de passer une blouse blanche pour les approcher, d'avoir des chiens blancs et de la volaille claire.

Par contre, les teintes sombres plaisent aux moustiques. C'est pourquoi ces derniers s'acharnent le plus souvent sur les personnes vêtues de noir.

Dans « *Le Courrier Médical* » du 4 août 1935, le Docteur Foveau de Courmelles, spécialiste de la Chromothérapie, en parlant des couleurs dit :

« Parmi les peuples civilisés, le goût se modifie avec le
« pays, c'est ainsi que la Française recherche les cou-
« leurs tendres mais gaies, comme le rose, le mauve et
« le jaune clair. L'Anglaise se souvenant de ses brouil-
« lards de Londres, les désire plus éteints et comme en-
« fumés, elle prend le vieux rose, le vert d'eau et la
« feuille morte. L'Italienne, l'Espagnole et aussi la Créole,
« habitant des pays où le soleil se fait moins rare, ont
« un goût intermédiaire entre celui du nègre et de la
« Parisienne, elles se composent des assemblages de tons
« qui choquent les raffinés par un mélange de couleurs
« violentes et de tonalités douces, le tout livré au hasard.

— 88 —

Lorsque l'on vit dans un milieu coloré approprié, il se crée une ambiance favorable, une énergie rayonnante qui maintient et développe l'activité.

Cette énergie constitue l'équilibre vibratoire, elle augmente le potentiel de self-défense, renforce l'intelligence et assure une certaine habileté à traiter les affaires. En un mot, elle permet de combattre les ennemis du succès qui sont l'indécison, l'inertie, la démoralisation et le pessimisme.

Le Professeur Ovio (1), traitant de l'harmonie des couleurs établit que la concordance ou équilibre d'un tout répond à une fin, et la fin, pour ce qui est des couleurs, est basée sur l'action psychique, en vertu du principe que les unes sont chaudes et excitantes, les autres froides et calmantes.

Goethe les désignait déjà comme puissantes, douces et splendides. Ces qualités se trouvent sensiblement augmentées lorsqu'elles sont rassemblées avec harmonie : puissantes avec puissantes, gaies avec gaies, douces avec douces.

Si les couleurs agissent ainsi sur notre personne, leur action est principalement localisée dans la matière cérébrale. C'est Gall, avec sa théorie des images visuelles cérébrales, qui nous l'apprend.

---

(1) Vision des Couleurs, Ovio. Félix Alcan, Paris.

Force est donc de reconnaître, qu'à côté de ces phénomènes, connus depuis longtemps, les recherches modernes ont montré le rôle capital et extrêmement étendu des lumières et matières colorées.

Dès lors, rien de surprenant à ce que notre état d'âme soit en rapport avec les milieux colorées dans lesquels nous vivons.

Ces milieux, par des réactions physiques et psychiques, fixent et déterminent notre personnalité, modifient nos tendances, dirigent nos émotions.

Leurs effets peuvent varier, suivant les individus, de l'amour à la haine, de la colère à la crainte, parfois même de l'indifférence complète à la brutalité, à la sauvagerie.

On aurait de la peine à prier dans un lieu tendu exclusivement de rouge écarlate. C'est plutôt le violet qui convient au recueillement !

Le rouge fulgurant augmentera la curiosité des spectateurs d'un théâtre. Tandis que ceux-ci seront moroses en présence d'une pièce gaie jouée dans une salle pauvre en coloris rouges.

On sait, par ailleurs, que le jaune serin n'est pas de nature à calmer les excités, mais c'est un excitant pour les lymphatiques.

Le gris-perle n'est assurément pas le soutien et le conseiller de ceux qui doivent prendre des décisions.

Nous voyons, par ces quelques exemples, que nous intégrons les radiations colorées ou incolores de mille façons, notamment par les tissus, les tentures, et même par l'intermédiaire des viandes, des fruits, des légumes insolés. Quelquefois leur voisinage nous suffit. C'est un fait que les bouchers et leurs familles, vivant continuellement au milieu de la viande et la manipulant journellement, sont généralement pleins de santé. Il est rare de voir un cancéreux chez eux et aussi parmi les personnes vivant au-dessus ou dans l'entourage immédiat de la boucherie, car tous sont, sans le soupçonner, les bénéficiaires de l'ambiance du sang.

D'où cette très juste remarque : les criminels et les plus sanguinaires ne sont pas les bouchers, mais bien plus souvent les « blancs becs » qui par leur état déficient sont avides de sang.

Ce qui revient à dire que manger de la viande crue convient au régime des faibles. De même, le fait, pour un anémique, de manger ce qui se trouve à l'intérieur de la carcasse d'un poulet de préférence au blanc, ne convient pas au régime alimentaire des pléthoriques.

*
* *

Après cela, comment s'étonner si notre santé, notre visage, nos manières, notre façon de penser et d'agir ont un comportement autre que celui que nous sommes en droit d'espérer.

*
* *

Les couleurs nous érigent en héros ou en victimes de nos actes, elles nous mettent sur un plan bénéfique ou maléfique, parce qu'elles sont les facteurs incontestables d'une vie agréable ou désagréable.

Voilà ce que négligent les partisans de la vie moderne « à toute vapeur », dont l'insouciance n'a d'égale que l'ignorance.

CHAPITRE VI

Heures radiantes des couleurs. — Plans de polarisation. — Polarisation horizontale Nord-Sud. — Polarisation horizontale Ouest-Est. — Polarisation verticale. — Polarité des couleurs. — Alcalinité, acidité. — Ionisation.

HEURES AUXQUELLES L'INTENSITÉ RADIANTE DES COULEURS EST LA PLUS ACCUSÉE

Le Violet domine vers 3 heures du matin.
L'Indigo à l'aurore.
Le Bleu après le lever du soleil.
Le Vert dans la matinée (9 à 10 heures).
Le Jaune vers midi.
L'Orangé l'après-midi.
Le Rouge au coucher du soleil.
Les Infra-rouges à la pénombre.
Le Noir vers minuit.
Le Gris entre minuit et deux heures du matin, moment du renversement de la fonction chlorophyllienne et des pôles magnétiques.

Suivant l'heure à laquelle une couleur domine, si nous avons soin de nous mettre debout sur un tissu blanc nous absorberons davantage les radiations propagées du moment.

A deux heures du matin, par exemple, heure dite de dispersion du violet, nous pourrons absorber ces radia-maxima et corriger ainsi certaines déficiences cérébrales.

*
* *

Ici, ouvrons une parenthèse afin de donner quelques indications à ceux qui affectionnent les promenades matinales ou nocturnes :

On dit couramment qu'une promenade au bois faite le soir est d'un effet salutaire.

Oui ! Mais !! Pas pour tout le monde indistinctement.

Nous savons que le noir et les infra-rouges radient respectivement la nuit et au déclin du jour.

Or, quels sont ceux qui peuvent en bénéficier ?

Ceux qui, précisément manquent d'acidité. C'est-à-dire les alcalins. Les personnes faisant de l'hyperacidité s'en abstiendront, pour elles le matin est bien préférable. Car, à ce moment dominent les radiations alcalines : violettes et bleues.

De même, nous conseillerons aux congestifs de se dispenser de prendre leur bain au coucher du soleil et, ce en raison des infra-rouges qui radient au crépuscule.

Conclusion générale :
Les grands nerveux feront leur promenade le matin.
Les lymphatiques vers midi.
Les rachitiques vers le soir et la nuit.

*
* *

Si ce conseil s'avérait inefficace, en voici un autre qui, à notre avis, ne manque pas d'agir favorablement dans bien des cas d'auto-intoxication :

Prendre deux serviettes éponges blanches désaffectées, en faire deux semelles de la surface de chaque pied.

Le matin, après la toilette de la bouche et avant le petit déjeuner, aérer une pièce, carrelée si possible ; mouiller les deux semelles, les tordre et les étendre à plat séparées sur le carrelage. Mettre un pied nu sur chaque semelle, se lever lentement sur la pointe des pieds en respirant par le nez pour le renouvellement de l'oxygène. Lorsque la cage thoracique est gonflée de l'air pur du matin exécuter quelques mouvements rotatoires par les épaules, puis, afin d'expulser l'acide carbonique de la nuit, descendre lentement en expirant à fond par la bouche.

De temps en temps, faire trois fois consécutivement et par jour cet exercice, très facile en soi.

*
* *

A défaut d'une salle carrelée, et pour rendre l'opération aussi efficace, on prendra deux plaques d'aluminium que l'on connectera par fils métalliques soit au sol, soit aux murs, soit encore à la tuyauterie du chauffage central, du gaz ou de l'eau.

Loin de nous la pensée de proclamer « *urbi et orbi* » l'infaillibilité de ce dispositif et du résultat à en attendre, mais nous avons l'intime conviction que beaucoup de ceux qui souffrent de lourdeurs après les repas, qui s'endorment difficilement le soir, qui éprouvent le besoin de rester au lit le matin, ceux qui, précisément, manquent d'allant, plus généralement les intoxiqués, s'en trouveront satisfaits par une reprise assez rapide de leur activité perdue.

*
* *

PLANS DE POLARISATION

En électricité, le mot polarisation exprime que la charge d'un certain corps a une différence de signe avec un certain autre.

Il existe plusieurs plans de polarisation avec induction plus ou moins rapide suivant l'horizontabilité et la déclinaison, la verticalité et l'inclinaison.

Ils sont curvilignes ou rectilignes, à polarité simple ou composée.

La Terre, par exemple, a deux plans principaux de polarisation :

1° L'axe magnétique Nord-Sud,
2° La ligne de l'équateur électrique Ouest-Est.

*
* *

POLARISATION HORIZONTALE NORD-SUD

Le premier, résultante du second, est alimenté par deux courants en sens inverse, allant du Nord au Sud et réciproquement.

Nul n'ignore que, vers deux heures du matin, ces courants magnétiques changent de situation, et provoquent un brusque changement de la fonction chlorophyllienne. Le choc est suffisant pour qu'à cette heure les dormeurs légers soient réveillés; il est également suffisant pour provoquer davantage de décès et de naissances en cette circonstance comme pour déterminer la chute des pierres des édifices en état de vétusté.

**

Au même titre que l'aiguille de la boussole, une tige de fer aimantée par la seule induction du magnétisme terrestre, et montée sur pivot sensible, prend d'elle-même la direction du méridien magnétique : le côté positif vers le Nord magnétique, le côté négatif vers le Sud magnétique.

De même, notre pendule, lancé en oscillations dans une direction arbitraire, prend peu à peu cette direction Nord-Sud.

N'aurions-nous pas là l'explication de la théorie de l'orientation de la couche de l'homme, la tête au Nord, les pieds au Sud ?

La vraie situation de repos, pour faire suite au travail, n'est-elle pas de renverser les charges qui sont à la base de l'activité ?

**

POLARISATION HORIZONTALE OUEST-EST

Le second circuit terrestre se révèle continu, à potentiel positif et direction invariable, de propagation Ouest-Est comme nous l'avons déjà dit.

Il est perpendiculaire au courant alternatif attribué au magnétisme terrestre, offre une résistance et une force insoupçonnées de pénétration aux éléments en mouvement de l'Est à l'Ouest.

Phénomènes inexistants de l'Ouest à l'Est.

A la lumière de ces constatations, nous considérons, avec raison, que le courant Ouest-Est justifierait les invasions qui viennent généralement de l'Est et le développement des villes vers l'Ouest. Par ailleurs, il est permis de constater qu'il y a plus d'Allemands en France que de Français en Allemagne, qu'il y a plus d'Italiens chez nous que de Français chez eux, comme il y a plus d'Européens en Amérique que d'Américains sur le vieux Continent.

Autre preuve : si nous disposons une tige de fer dans l'axe de l'équateur nous constatons, au pendule et à la boussole de déclinaison, que l'extrémité dirigée vers l'Ouest s'aimante rapidement en positif, tandis que l'extrémité Est ne subit aucune induction bien caractérisée. Phénomène inverse de la résistance opposée par le courant venant de l'Ouest.

Ici, comme sur un individu couché dans cet axe, nous enregistrons une différence de tension ou de niveau entre deux énergies : l'une magnétique, l'autre électrique, probablement universelle et statique.

Voilà qui peut rendre sceptiques certains esprits critiques. Mais la quantité considérable de faits enregistrés sur cette question met en évidence la complexité des phénomènes combinés.

La fameuse découverte d'AMPÈRE, concernant un cadre circulaire mobile, parcouru par un courant dans son axe inférieur et qui tourne jusqu'au moment où il atteint la direction Ouest-Est, nous sert de terme de comparaison.

Par conséquent, l'orientation la plus favorable pour dormir avec une recharge et un repos maxima est bien celle de la ligne des pôles Nord-Sud et, non pas, comme on pourrait le croire Sud-Nord.

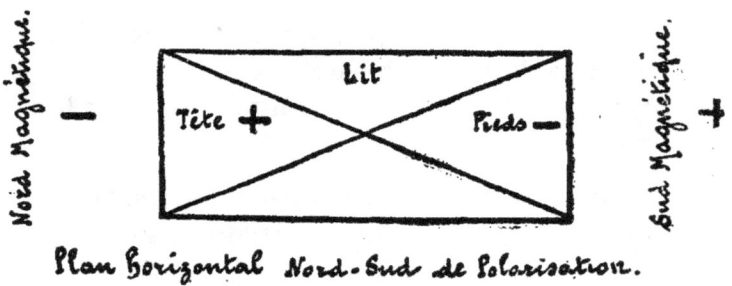

Fig. 13

Il est aisé de comprendre pourquoi.

On sait que lorsque deux corps conducteurs chargés d'électricité à des potentiels différents sont approchés l'un de l'autre, il arrive un moment où ces corps se déchargent brusquement en donnant naissance à un phénomène lumineux que l'on appelle étincelle électrique.

Or, le Nord magnétique est négatif, le Sud magnétique positif.

L'homme couché tête-Nord, pieds-Sud se chargera de positivité par la tête et de négativité par les pieds. Polarités inverses de l'homme debout comme nous allons le voir. Ces charges de la tête et des pieds ne sont pas autre chose qu'un phénomène d'induction organisé par la décharge des pôles magnétiques (Fig. 13).

* * *

POLARISATION VERTICALE

La physique moderne reconnait que les masses métalliques verticales se chargent de positivité à leur partie basse et de négativité à leur partie supérieure.

Nul ne peut le contester, tout le monde peut le vérifier.

Il suffit, pour s'en rendre compte, de prendre une boussole de déclinaison que l'on présente à la masse verticale de bas en haut.

En vertu de l'attraction des polarités contraires, la pointe de l'aiguille qui se dirige vers le Sud est attirée par la partie inférieure, la pointe qui tend vers le Nord est attirée par la partie supérieure.

Les éléments qui nous permettent d'enregistrer ce phénomène sont nombreux. Citons seulement une chaudière, un radiateur de chauffage central, un coffre-fort, un sabre debout, une pendule, une machine à écrire, etc. Ajoutons que le pendule tourne positivement en bas et négativement en haut de ces éléments.

* * *

Ce n'est pas une raison, parce que les appareils physiques, inventés jusqu'alors, sont impuissants à enregistrer ces charges sur des éléments non métalliques, qu'il faut admettre que l'homme, les végétaux échappent aux lois de cette polarisation verticale.

A l'inverse de l'homme couché tête au Nord, pieds au Sud, l'homme debout est positif par les pieds, négatif par la tête.

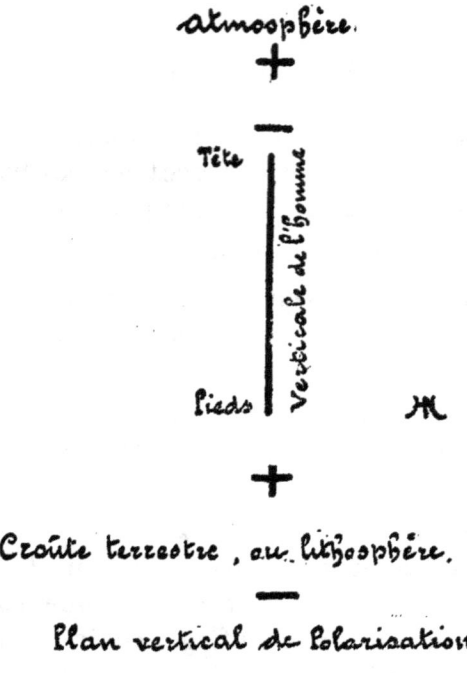

Fig. 14

Pour comprendre ce renversement des pôles, il faut encore savoir que la croûte terreste est négative dominante et que l'atmosphère est positive.

La positivité atmosphérique crée une induction de signe contraire à la partie supérieure de toute masse verticale, et la négativité lithosphérique une induction inverse sur la partie inférieure (Fig. 14).

*
* *

Conclusion : si un homme couché dans l'axe des pôles magnétiques se met debout, la tête et les pieds changent de signe. Ce changement se produit également lorsque de la position verticale il passe à la position horizontale.

Dans cet ordre d'idées, les amateurs d'expériences peuvent se livrer à diverses observations aussi précieuses que surprenantes. En voici les moyens :

Suivant le procédé de M. Henri Mager, après l'étude radiesthésique séparée de chaque couleur, nous avons abouti à un empilage de disques colorés dans le même ordre que lui :

Rouge, orangé, jaune, vert, bleu et enfin violet.

Cet empilage s'est révélé à nos détections comme une source de radiations qui ressembleraient assez aux Alpha, Béta et Gamma du radium.

Il semblerait donc que les couleurs convenablement empilées, dans l'ordre du spectre, le rouge en bas, le violet en haut, créent un phénomène de radio-activité qui ne se retrouve pas si l'ensemble des couleurs est inversé, ou si une seule de celles-ci n'est pas à sa place. On ne décèle plus alors que le champ radiesthésique dont chaque corps est entouré.

Enfin, si l'on empile correctement les sept couleurs sur une feuille de papier blanc ou sur un disque blanc le pendule identifie le rayon fondamental de la couleur radiante du moment (Fig. 15).

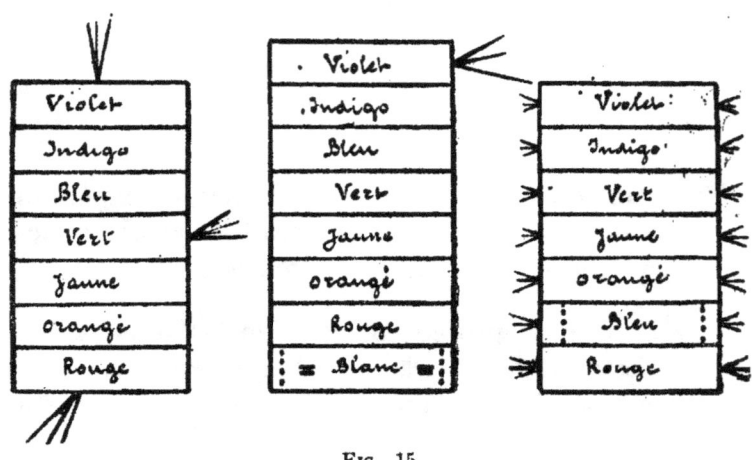

Fig. 15

Si nous troublons l'ordre, tout phénomène correct cesse d'être perçu. L'ensemble radie en ondes circulaires avec rayon **fondamental arbitraire**.

*
* *

De ces théories, il se dégage un fécond enseignement, par voie de conséquence, la position de jour la plus favorable à la recharge naturelle de l'homme est la verticale absolue.

*
* *

Une autre position renforçatrice qui n'est pas à dédaigner par les surmenés, les affaiblis, les anémiques, les défaillants, les convalescents est de s'adosser à un chêne vigoureux, pendant une dizaine de minutes, en regardant le Sud.

L'effet de rechargement en ions fer et en ions phosphore est surprenant, tant il est rapide dans la remise en équilibre des forces vitales.

Parfois, le fait de s'entourer de circuits colorés, non fermés, produit un résultat presque identique.

Ces circuits sont fabriqués, après syntonisation et chronométrage pendulaires, avec des couleurs qui conviennent à chacun.

La largeur des rubans n'est pas la même pour tout le monde, le nombre des couleurs est variable avec chaque sujet, l'ordre n'est pas indifférent pour l'homme et la femme, l'écart entre les deux extrémités doit être rigoureusement établi si on ne veut pas aller à l'encontre du but poursuivi.

Comme un circuit nécessite une période d'assimilation, en raison des radiations nouvelles qu'il apporte, on le portera, un certain nombre de jours, une demi-journée.

On le quittera pour dormir la nuit, au repos il sera accroché comme une cravate les deux bouts dirigés vers la terre, mais on le portera chaque fois qu'il sera question d'accomplir un acte important : signature à donner, marché à conclure, visite à faire ou à recevoir de personnes inconnues, suspectes d'antipathie ou d'hostilité.

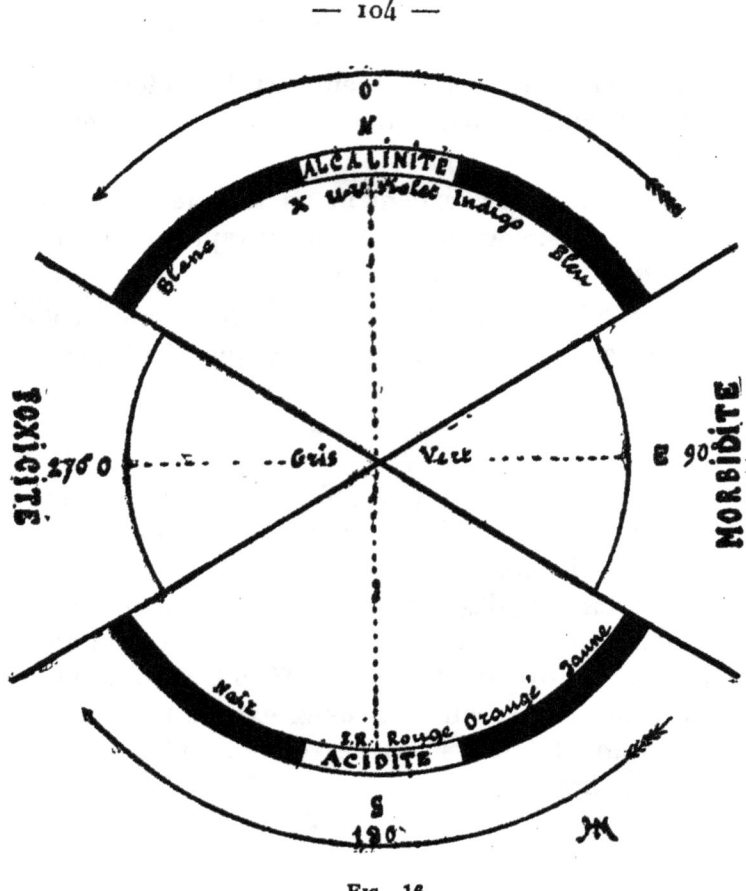

Fig. 16

On sera ainsi entouré d'une chromosphère invisible et protectrice de 2 m. 10 de rayon, soit 4 m. 20 de diamètre.

Cette auréole ne se laissera pas traverser par les radiations indésirables et procurera au porteur le maximum d'assurance et d'ascendance. Ce mécanisme de compensation contribuera pour une bonne part au maintien de l'équilibre et à la syntonisation des réactions défensives de celui qui en est entouré.

*
* *

POLARITÉ DES COULEURS

Nous n'aurons pas de peine à démontrer que certains corps sont paramagnétiques et certains autres diamagnétiques.

Les premiers ont la propriété d'être attirés par l'aimant. Au nombre de ceux-ci citons le fer, le nickel, le cobalt.

Les seconds, comme le bismuth, sont repoussés.

En principe, nous admettons que les couleurs appartiennent à l'une ou à l'autre de ces deux catégories.

En effet, nous reconnaissons au pendule que le noir, les infra-rouges, le rouge, l'orangé, le jaune occupant le secteur E-N-E, O-S-O de notre cercle chromatique (Fig. 16) sont positifs, acides et chauds.

Ils sont dits éléments primaires.

Insistons, cependant, sur le fait que les corps électropositifs ne constituent pas de la chaleur, mais sont à effet calorifique, c'est-à-dire capables de transporter une quantité variable d'énergie mécanique susceptible de se transformer en chaleur.

Retenons bien cette distinction, elle nous sera d'une grande utilité dans l'exposé de la prédétermination des sexes à naître.

Le blanc, les ultra-violets, le violet, l'indigo, le bleu sont négatifs alcalins et froids (éléments secondaires) et occupent le secteur E-N-E O-N-O.

L'alcalinité est démontrée chez les ultra-violets. On sait qu'une application biologique de ceux-ci favorise une ossification plus rapide et une diminution concomittante du rachitisme.

Les couleurs positives considérées comme noyaux, cèdent de l'énergie aux couleurs négatives comme le font le proton aux électrons, le soleil aux planètes, et constituent les uns avec les autres autant de piles de Volta.

Ex. : Bleu (—) avec rouge (+) = pile de Volta,
Noir (+) — blanc (—) = —

Afin d'être aussi complet que possible, disons que le vert, mélange de bleu et de jaune, le gris mélange de noir et de blanc, ne sont pas, d'après nous, électrogènes.

Ils sont sans influence stable et se situent en secteur perturbateur ou neutre, le vert à l'Est, le gris à l'Ouest.

RADIATIONS NÉGATIVES
Blanc, Rayons X, Ultra-violet, Violet, Indigo, Bleu.

RADIATIONS POSITIVES
Jaune, Orangé, Rouge, Infra-rouge, Noir.

RADIATIONS NEUTRES OU BI-POLARISÉES
Vert, Gris.

ALCALINITÉ-ACIDITÉ

De donnée en donnée, nous en arrivons à pouvoir établir les comparaisons suivantes :

1° Les couleurs positives sont dites destrogyres parce qu'elles dévient le plan de polarisation à droite et correspondent, dans l'ordre croissant, du jaune au noir inclus, à une plus ou moins grande caloricité et à une acidité plus ou moins accusée.

2° Les secondes, couleurs négatives, sont dites levogyres parce qu'elles dévient le plan de polarisation à gauche, et correspondent, en sens inverse des premières, du bleu au blanc inclus, à la frigidité et à l'alcalinité.

*
* *

C'est ainsi, pour nous résumer à ce sujet, que l'acidité, débutant au jaune, atteint son maximum dans le secteur du noir. Inversement, l'alcalinité, qui commence au bleu, bat son plein dans le secteur du blanc (Fig. 16).

*
* *

Voilà qui nous permet, par la méthode du rayon fondamental, de savoir si une personne réclame telle ou telle couleur et d'avoir une idée approximative sur son tempérament acide ou alcalin. Observation très importante par elle-même au point de vue clinique, dans l'étude du métabolisme basal.

*
* *

IONISATION

Si l'on désire augmenter davantage les radiations bénéfiques d'une chambre à coucher, on se souviendra de la théorie du rayon fondamental et d'après cette dernière, on reconnaîtra que le fer radie au Sud comme le rouge, le calcaire au Nord comme le violet.

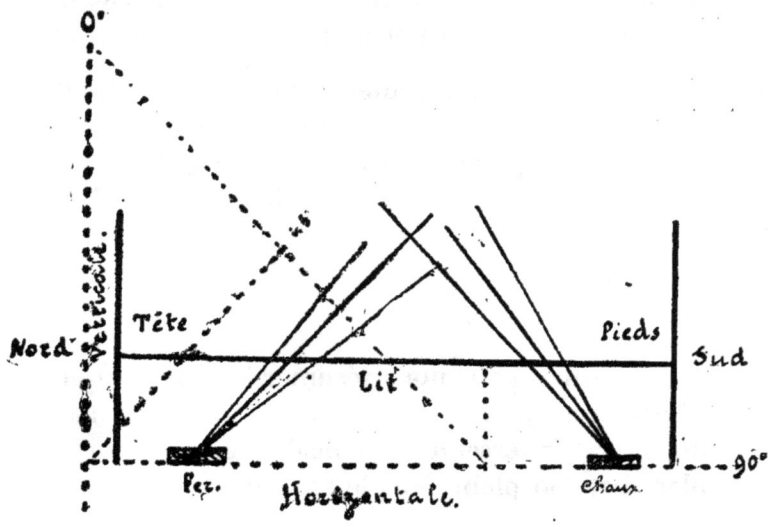

Fig. 17

On pourra donc procéder à l'ionisation par l'un ou l'autre de ces éléments ou par l'ensemble.

Si, par exemple, on reconnaît une tendance à la déminéralisation, on ionisera de fer et de rouge par le Nord. Au contraire, si l'on se décalcifie on ionisera de chaux et de violet par le Sud.

Enfin, si la déminéralisation est accompagnée d'une décalcification, on ionisera par les deux pôles. Mais pour cela, il est utile de savoir que les radiations ont une allure oblique et cheminent sur un angle de 45° environ par rapport au plan horizontal.

En conséquence, on prendra ses dispositions de manière à croiser les pinceaux sur le plan du dormeur (Fig. 17).

FIN DE LA DEUXIÈME PARTIE

TROISIÈME PARTIE

VISION DES COULEURS

TROISIÈME PARTIE

CHAPITRE VII

Vision des couleurs. — Aberration chromatique de l'œil. — Arc-en-ciel et Cercle-en-ciel. — Halos. — Contraste binoculaire. — Iridescence. — Répartition des couleurs sur une personne debout. — Spectre par décharge électrique sur gaz à basse pression.

VISIONS DES COULEURS

En optique, trois des couleurs du spectre correspondent à trois espèces de fibres de la rétine. Ces trois espèces de fibres sont excitables à des degrés différents, elles ont chacune un maximum de sensibilité :

La première pour le rouge,

La seconde pour le vert,

La troisième pour le violet.

Il en résulte que chaque couleur excite plus particulièrement une espèce de fibres et peu ou pas les autres.

Quand toutes les fibres sont excitées à la fois, on a l'équilibre visuel. Si elles le sont inégalement, on a toutes espèces de couleurs plus troublantes les unes que les autres.

Par là, nous supposons qu'on a intérêt à choisir ses verres colorés afin d'éviter l'aberration chromatique de l'œil et des troubles dont on ne soupçonne ni l'origine ni la gravité.

***

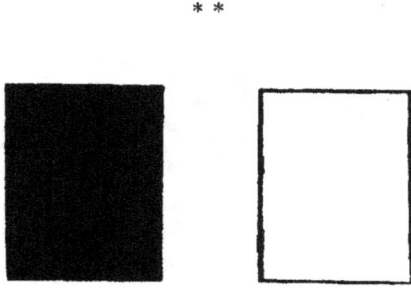

Fig. 18

Regardons deux cartons monochromatiques, un blanc et un noir, placés côte à côte. Après une période d'accommodation de quelques secondes, baissons notre regard dessous les deux cartons ; l'œil qui regardait le carton blanc le verra noir, au contraire l'œil qui regardait le carton noir le verra blanc. (Fig. 18).

***

Dans le « *Courrier Médical* » du 4-8-1935, sous la signature du Docteur Foveau de Courmelles, l'éminent chromothérapeute, nous lisons ce qui suit :

« Un objet polychrome ne peut d'aucun point de l'espace être vu nettement par un œil humain. La rétine ne peut être simultanément le foyer de sources lumineuses émettant des radiations de longueurs d'onde différentes : l'œil humain est un dioptre présentant des aberrations de chromatisme ».

*
* *

« Si l'on réalise au moyen d'une lampe à arc, dans des vapeurs de mercure, combinées avec des écrans colorés convenables, des objets rigoureusement monochromatiques, il est facile de constater que l'on cesse de percevoir nettement les objets violets à quelques centimètres de distance, les objets bleus à deux mètres environ, les objets jaunes et rouges sont vus presque jusqu'à l'infini ».

« Un sujet normal hypermétrope peut continuer à voir ces objets, même si l'on met devant son œil un verre convergent de 0 dioptrie 50 à 1 dioptrie 50 ou 2 dioptries ».

« Cela revient à dire que, pratiquement, l'œil humain normal est myope à 6 dioptries environ pour le violet, le bleu et le vert, emmétrope pour le jaune et hypermétrope pour le rouge à 0 dioptrie 50 ».

Les lumières bleue et violette deviennent, par conséquent, rapidement diffuses, tandis que le jaune et le rouge sont pratiquement vus à très grande distance.

*
* *

Le Docteur Bosc, de Calcutta, expose que dans le fameux « AKBAR HAMAM » les chambres sont construites de telle façon que la lumière puisse y pénétrer aux différentes heures du jour par des baies garnies de verres ou de tissus colorés aux six couleurs du spectre, qu'elles sont associées deux par deux pour amplifier ou atténuer l'action de la couleur dominante du moment ; telle combinaison est recommandée à telle heure, tandis que telle autre est interdite.

Les « Incas », ce peuple si avancé dans une période de barbarie, possédaient le secret de couleurs composées qui avaient une terrible particularité :

Elles tuaient.

Ils les employaient pour les supplices.

Le condamné était enfermé dans une chambre entièrement peinte à ces couleurs. Les radiations attaquaient les yeux à travers les paupières, et le malheureux périssait dans d'épouvantables souffrances.

A ce sujet, rappelons que le Docteur Jules Regnault, de Toulon, a remarqué qu'un verre rouge placé devant un des yeux produit une dépression ou un relèvement du pouls suivant l'œil devant lequel il est placé, et provoque des réactions dans le domaine du nerf pneumogastrique.

On connaît le cas du Grand Condé qui ne pouvait fixer le vert sans être incommodé.

Chez certains individus le rhume des foins peut être provoqué par la vue des roses artificielles, et plus tard, le fait de voir des roses véritables engendrera le même phénomène.

Nous connaissons un Docteur qui contracte périodiquement un « rhume de poils de cheval » chaque fois qu'il regarde un alezan clair.

Dirons-nous encore que certaines personnes assignent une couleur à chaque chiffre : violet pour le 1, indigo pour le 2, bleu pour le 3, vert pour le 4, etc.

Ces sensations réelles ou latentes prennent leur origine dans la violence des couleurs, et peuvent déterminer certaines dispositions dans les arts, le cubisme, le dadaïsme, l'impressionnisme, le mysticisme, la folie, etc.

Par conséquent, on peut être atteint de cécité pour le vert (achloropsie), pour le rouge (anérythropsie), pour le bleu (acyanopsie), et même pour toutes les couleurs (achromatopsie) sans perdre pour cela la sensibilité de l'action colorée.

En outre, sans être perçues par la vue, les radiations obscures, comme celles de la chaleur, du froid, du vent, de l'odeur captées par nos organes de relation, déterminent des réactions physiologiques beaucoup plus subtiles et infiniment plus sournoises que l'action physique de la sensation visuelle. Car la couleur comporte par elle-même une distinction de quantité et une distinction de qualité.

*
* *

Cette constatation nous incline à penser qu'un lien très étroit existe entre la matière et l'énergie invisible que dégage tout élément clair ou obscur.

*
* *

ABERRATION CHROMATIQUE DE L'ŒIL

L'aberration dite chromatique est le fait que les images des objets apparaissent avec leurs bords irisés. En outre, s'il y a relâchement de l'accommodation de l'œil, l'image se déforme et prend une autre teinte.

C'est ainsi que si l'on accommode l'œil sur les trous sombres du trop-plein d'un lavabo, ceux-ci, après relâchement, apparaissent gris.

Si l'on regarde, avec une accommodation prolongée, un nuage à gauche du soleil levant, et si l'on détourne le regard en fermant les paupières, il se dessine une image violet-bleu.

En procédant de cette façon aux différentes heures de la journée, on obtiendra une image différemment colorée suivant l'heure.

*
* *

Certaines personnes n'aiment voir qu'une couleur (monochromatiques), d'autres aiment deux couleurs (dichromatiques), d'autres trois couleurs (trichromatiques ; d'autres encore toutes les couleurs (polychromatiques) ; certaines enfin, aucune couleur (achromatiques).

N'est-ce pas déjà là autant de raisons qui militent en faveur de l'existence de tempéraments divers et de façons diverses de percevoir les couleurs et leur influence sur les fonctions végétatives de chaque individu (respiration, nutrition, sécrétion, circulation, etc.).

*
* *

L'ARC-EN-CIEL

L'arc-en-ciel est un météore en forme d'arc, phénomène de la réfraction de la lumière solaire sur les gouttelettes d'eau suspendues dans l'air.

L'arc-en-ciel n'est visible que du côté opposé au soleil, c'est-à-dire qu'au levant, nous le voyons au couchant, et le soir, au levant.

Il est demi-circonférique vertical, mais on peut parfois le voir sous forme de cercle complet horizontal vers midi en avion, par exemple, à la condition toutefois que l'on soit suffisamment élevé et que la couche atmosphérique soit assez épaisse. C'est alors le cercle-en-ciel. Il est encore possible de voir celui-ci si l'on regarde le ciel avec un verre plat recouvert d'une critallisation d'alun.

Dans les deux cas, la lumière se disperse en six couleurs n'ayant pas le même indice de réfraction et avec trois constantes : ton, saturation, intensité.

A noter que, lorsque nous voyons l'ar-en-ciel, le rouge est en bas, le violet en haut, alors que dans le cercle-en-ciel le violet est à l'intérieur, le rouge à l'extérieur.

*
* *

Nous répétons que l'arc-en-ciel ne comporte que six couleurs : Violet, Bleu, Vert, Jaune, Orangé, Rouge.

En effet, d'après la physique et la chromatique modernes, il est reconnu que les anciens n'admettaient pas l'indigo dans la décomposition de la lumière commune. Comme nous le verrons plus loin, nous le trouvons en double exemplaire dans la chromatique matérielle.

Plusieurs écoles sont en contradiction sur les termes et le nombre des couleurs spectrales. Les unes, reconnaissent six couleurs et six termes ; les autres, six couleurs et sept termes ou sept termes et sept couleurs.

Notre intention n'étant pas d'entrer dans le débat, ni d'établir une chromatique définitive, mais seulement d'étudier les diverses influences colorées, nous avons pour la description de notre méthode adopté six couleurs et six termes en couleurs spectrales, et sept couleurs et sept termes en couleurs matérielles. Ainsi nous pensons être d'accord avec Dom Neroman, auteur d'une chromatique planétaire.

*
* *

L'arc-en-ciel est un des plus beaux phénomènes qui se rapportent à la lumière.

Ce phénomène était pour les Grecs la personnification d'Iris, déesse messagère des Dieux.

Homère désignait ce phénomène atmosphérique du même nom.

Les Gaulois ainsi que la mythologie scandinave lui attribuaient un grand pouvoir occulte.

Dans la Bible il est dit qu'il fut donné en gage de réconciliation par Dieu à Noë.

*
* *

C'est par le phénomène de l'arc-en-ciel que nous entrevoyons l'analogie entre la décomposition de la lumière et le halo coloré qui entoure quelquefois la Lune et le Soleil, lorsque l'air correspond à un certain état hygrométrique, ou humidité relative.

Même sujet d'observation sur un éclairage de l'extérieur vu à travers une vitre ternie de buée.

HALOS

La théorie du halo (cercle-en-ciel) est analogue à celle de l'arc-en-ciel, le phénomène se produit par la réfraction de la lumière à travers les cirrus (nuages très élevés qui plafonnent vers 9.000 mètres et dont l'apparition par temps calme annonce la pluie ou la neige).

Lorsque l'atmosphère est chargée d'une humidité relative, observons la Lune.

Que voyons-nous ?

L'astre est entouré de plusieurs cercles colorés.

La lumière en se décomposant graduellement crée un premier cercle rouge contre l'astre blanc, puis une seconde couche circulaire après la première.

La coloration de cette seconde couronne débute par le bleu pour terminer par un dernier cercle rouge.

Ces halos ne sont pas seulement visibles dans le ciel. Ils se produisent également sur les bords des figures géométriques, des objets et des êtres vivants.

Il suffit d'observer l'immobilité du regard un certain temps pour voir apparaître un halo ou une aura.

CONTRASTE BINOCULAIRE

Si l'on regarde en double image un disque noir sur fond blanc, un verre rouge contre l'œil gauche, un verre bleu contre l'œil droit, le dédoublement obtenu, le disque noir apparaît verdâtre pour l'œil gauche et jaune pour l'œil droit.

Semblable observation anaglyphique est à faire sur une photographie en relief d'un terrain accidenté et faite en avion.

En mettant le verre rouge contre l'œil gauche, le verre bleu contre l'œil droit, le terrain se révèle en saillies tel qu'il est réellement. Mais si on inverse les verres colorés, les sommets montagneux donnent par contraste l'impression de creux et les concavités deviennent des convexités.

On a ainsi un phénomène de contraste par champ coloré inducteur ou excitant, et comme conséquence un renversement des creux et des reliefs par champ réagissant.

Pour comprendre ce phénomène, nous devons ajouter que l'avion qui prend la photographie est muni d'un appareil de prises de vues à double objectif, un rouge en avant, un bleu à l'arrière. De plus, les photographies sont toujours prises dans le même sens de vol.

Certes, il est d'autres contrastes (marginaux, successifs, mixtes, simultanés) nous les avons volontairement négligés, attendu qu'ils n'entreraient dans notre exposé que comme phénomènes accessoires.

Nous n'avons traité que du contraste binoculaire parce qu'il intéresse les téléradiesthésistes qui travaillent sur plan ou photo.

Il est curieux, en effet, de savoir que ces photographies donnent une précision peu commune aux recherches à distance. Les terrains laissent par transparence binoculaire la vision assez nette du sous-sol, à une certaine profondeur seulement, entendons-nous bien.

*
* *

D'après Hering il y aurait là la preuve de corrélatifs psychiques, résultant de l'échange matériel qui se produit dans l'organe de la vue, et qui se modifie par l'action d'un stimulant lumineux.

*
* *

IRIDESCENCE

Sans entrer dans le détail complet du phénomène de l'iridescence, nous dirons que ce n'est pas autre chose qu'une dispersion colorée de la lumière que chacun de nous peut aisément observer.

C'est le fait de voir un objet dont la périphérie est colorée. C'est aussi l'explication du cercle noir sur fond blanc, avec bord coloré orangé-jaune et du cercle blanc sur fond noir bordé de bleu. Dans les deux cas, c'est le blanc qui produit l'iridescence (Fig. 19).

Cercle blanc bordé de bleu.

Cercle noir bordé d'orangé.

Fig. 19

Qui n'a jamais constaté, en lisant un journal avec des lunettes, les points marginaux orangé-rouge sur certains côtés et bleus sur les autres côtés des caractères ?

Observation identique sur un trait noir horizontal ou vertical, une croix noire, un carré, un cercle noir (Fig. 20).

Remarquons que sur le trait horizontal l'orangé-jaune est en bas, le bleu en haut (Fig. 20), sur le trait vertical le bleu est à gauche, l'orangé-jaune à droite ; par contre, les mettant en croix, nous ne constatons aucun changement. Quant au cercle et au carré, ils ont l'orangé-jaune à l'extérieur et le bleu à l'intérieur.

S'il s'agit d'un rectangle blanc posé sur fond noir, la marge inférieure du rectangle apparaît bordée d'orangé-jaune, la partie supérieure se révèle bleue, alors qu'un rectangle noir posé sur fond blanc donne les indications inverses (Fig. 20).

Une expérience à la portée de tout le monde est la suivante : Former le cercle avec le pouce et l'index, regarder la main avec une lentille bi-convexe : on verra une iridescence bleue à l'intérieur du cercle et une iridescence rouge-orangé à l'extérieur.

La lumière pénètre la chair à une certaine profondeur et se trouve en grande partie renvoyée. Cette lumière reflétée est surtout bleue et avec la couleur des canaux sanguins donne à la peau cette teinte chair, mélange si délicat de bleu et de rouge.

*
* *

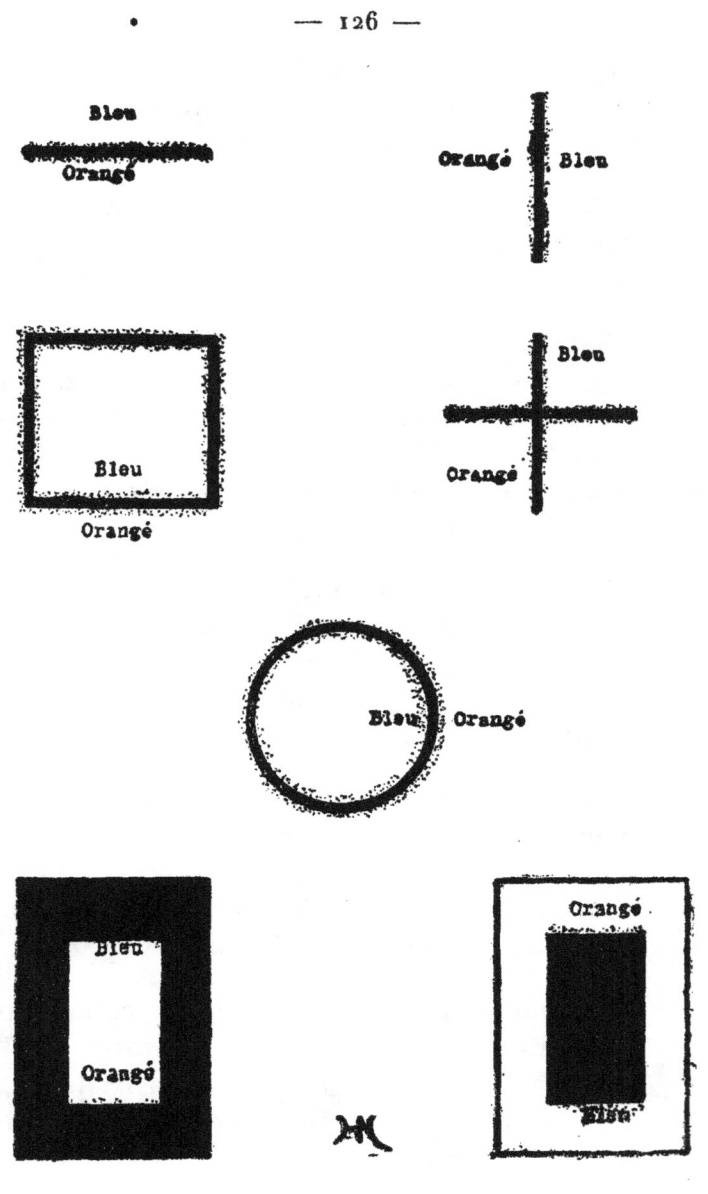

Fig. 20

RÉPARTITION DES COULEURS SUR UNE PERSONNE DEBOUT

Nous basant sur le principe de l'arc-en-ciel, nous croyons avoir constaté que les couleurs se répartissent comme suit sur une personne debout :

Violet à hauteur du plexus cervical,
Bleu — — brachial,
Vert — — solaire,
Jaune — — lombaire,
Orangé — — sacré,
Rouge — — pour les membres inférieurs.

Des lois chromatiques semblent confirmer, ou tout au moins vérifier partiellement, cette répartition.

En effet, avons-nous déjà dit, si nous posons, les unes sur les autres, les sept couleurs matérielles dans l'ordre du spectre, le rouge en bas, le violet en haut, nous décelons radiesthésiquement trois natures de radiations qui ressembleraient assez fidèlement aux particules émises par un corps radio-actif.

La première émission, sensiblement horizontale, est à charge positive avec rayon fondamental dans le secteur Sud.

La seconde, également horizontale, est à charge négative avec rayon fondamental dans le secteur Est.

La troisième est en projection verticale et de nature électro-magnétique.

Il semblerait donc que les couleurs convenablement disposées créeraient la radio-activité.

Au contraire, si l'ordre en est troublé d'une manière quelconque, tout phénomène cesse d'être enregistré. Le pendule ne décèle plus que le champ électrique dont chaque corps est entouré.

Enfin, si dans l'ordre du spectre, nous disposons les couleurs matérielles sur un tissu blanc, nous ne trouvons plus que le plan fondamental relatif à la couleur du moment.

En définitive, si l'on désire bénéficier des radiations d'une couleur déterminée on se reportera à la description faite plus haut.

*
* *

Comme on le voit, l'enchaînement des causes et des effets permet de supposer avec assez de raison que rien n'est négligeable dans tout ce qui nous entoure et que, tout en restant dans la limite de l'approximation, il serait puéril de nier l'importance relative des influences diverses qui, sans aucun doute, jouent un rôle plus ou moins actif dans l'équilibre fonctionnel.

*
* *

Sans attribuer un caractère absolu à cet exposé, nous formulons l'espoir que quelques-uns de nos lecteurs, radiesthésistes ou non, voudront bien faire ces expériences et les contrôler.

*
* *

Signalons qu'au cours d'une visite faite au Palais de la Découverte à l'Exposition Internationale de 1937, nous avons trouvé confirmation de notre hypothèse :

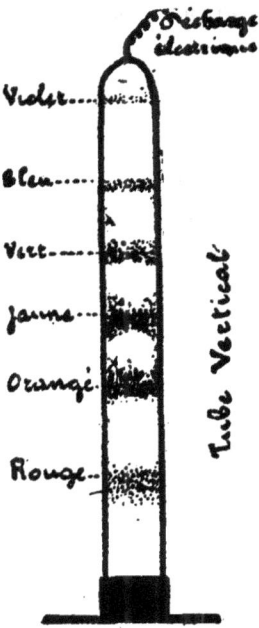

Spectre par décharge sur gaz à basse pression.

Fig. 21

Chacun a pu voir un tube volumineux contenant des gaz à basse pression: ce tube était vertical et une décharge électrique y pénétrait par sa partie supérieure. Or, l'observateur attentif a pu constater que la décharge, en décomposant les gaz, donnait naissance à un spectre comportant les couleurs de l'arc-en-ciel. Et, c'est ici où nous trouvons confirmation de notre répartition des couleurs sur un homme debout: le rouge est à la partie inférieure du tube, le violet à sa partie supérieure (Fig. 21).

*
* *

Même réfrangibilité, identique action résolutive et ordre semblable des spectres avec un prisme conique ayant son arête en haut (Fig. 4).

CHAPITRE VIII

Les auras. — Comment voir les auras. — Couleurs des auras et leurs références. — Auras des enfants. — Conseils. — Conclusion.

LES AURAS

Malgré le mystère qui semble entourer le phénomène de l'aura, malgré aussi l'opinion singulièrement étrange des non initiés, on ne peut nier le fait surprenant de cette fumée enveloppant la forme physique des corps animés ou inanimés.

Pour les esprits non préparés, l'aura est encore très contestée, sans doute parce qu'elle ne livre ses secrets qu'à ceux jouissant de facultés surnormales leur permettant de voir cette nébuleuse fluidique qui enrobe le corps de l'homme, celui de certains animaux et objets.

Pour nous qui pouvons voir les auras, nous avons constaté qu'elles variaient fréquemment de champ et de couleur suivant l'âge, le sexe, la façon de penser, la manière d'agir, l'état pathologique et le lieu de résidence.

Cette flamme magnétique se modifie facilement sous l'action de la volonté, ou involontairement lorsque l'individu passe d'une région à une autre, après une maladie de grande diathèse, un choc post-opératoire ou sous l'action d'un mental entretenu dans un sens unique, bon ou mauvais.

*
* *

Il est reconnu que l'homme rayonne de l'énergie magnétique (mesmérisme), de l'énergie mécanique (vitalisme). Alors, pourquoi ne pas admettre qu'il peut tout aussi bien émettre une énergie vaporeuse prenant assez fidèlement la forme du corps qui l'émet. Forme vaguement semblable au halo du soleil et de la lune lorsque l'atmosphère correspond à un certain état hygrométrique ; semblable encore à cette auréole qui entoure un éclairage de l'extérieur lorsque nous le regardons à travers une vitre ternie de buée ou d'une cristallisation d'alun.

Quoiqu'il en soit, si l'aura n'est pas facilement assimilable à un agent physique, parce qu'invisible à l'œil normal, il n'empêche que des sensitifs et des clairvoyants l'ont vue et la voient encore.

Pour les uns, c'est un foyer lumineux avec des aspects divers et de couleurs différentes ; pour les autres, c'est une vapeur blanchâtre, grisâtre, des flocons blancs-gris, des plastrons lumineux, une fumée noire, etc.

*
* *

De nombreux faits retenus à ce sujet, par des savants observateurs comme RUSSEL WALLACE, CRAWFORD, GELLEY, KLOUSKI et d'autres, autorisent à conclure que l'aura existe réellement, mais qu'elle n'est visible que par quelques privilégiés.

D'autres sujets ne voient pas les auras, mais les sentent. En effet, les esprits formés aux disciplines scientifiques admettent que ces sujets, peu nombreux, sont capables de déceler ces radiations invisibles là où les appareils connus de physique sont impuissants à le faire. Nous avons nommé certains radiesthésistes.

A ce sujet, M. Lacroix-à-l'Henri, dans son livre « *Théorie et procédés radiesthésiques* (1) », dit que les pendules indiquent trois sortes d'auras radiesthésiques :

Aura physique.

Aura mentale des sensations.

Aura mentale des extériorisations.

L'aura physique, ajoute-t-il, s'étend pour nos indications radiesthésiques de la surface même du corps ou des vêtements à trois ou cinq centimètres de cette surface.

L'aura mentale des sensations enveloppe la première dont elle épouse la forme.

L'aura d'extériorisation débute où finit la seconde, son étendue est très variable.

*
* *

Personnellement nous estimons que l'aura, dite des occultistes, est comparable au rayon « N » de Blondlot, c'est-à-dire aux radiations physiques émises par les métaux. Ces effluves métalliques ont d'ailleurs permis à Reichenbach de se rendre compte que des sujets apercevaient des lueurs aux deux pôles d'un aimant : bleue au pôle positif, rouge au pôle négatif. Ce qui précède est une confirmation de l'iridescence bleue qui ourle le noir, l'iridescence rouge qui ourle le bleu. Phénomène qu'il est facile d'observer au moyen d'une lentille bi-convexe et inclinée à 65°.

*
* *

---

(1) Henri Dangles, Edit., Paris.

Le Docteur Kilner considérait l'enveloppe aurique comme un fait tellement objectif qu'il lui attribuait une méthode de diagnostic. Méthode que nous nous proposons de développer à la fin de cette article.

Cette sorte d'atmosphère humaine est bien un rayonnement d'énergie, mais qui, comme nous l'avons déjà dit, ne peut être vue que par un très petit nombre de sujets métapsychiques dont l'acuité visuelle est fort au-dessus de la moyenne. Comme le fait d'émettre des auras très colorées est le propre d'individus faisant preuve d'une grande activité musculaire et nerveuse. Mais il s'en faut qu'observateurs et émetteurs soient nombreux.

***

Reichenbach, Rochat, Fontenay, De Vesmes, étaient des sensitifs ; ils voyaient les auras. Maxwell les voyait aussi et leur donnait le nom de lueurs odiques.

D'après nos observations, l'aura revêt des formes diverses de nature phosphorescente ou fluorescente et se rapporte à deux catégories d'émetteurs :

Les premiers (phosphorescents) ont la propriété de devenir lumineux dans l'obscurité en émettant des radiations colorées de très courte longueur d'onde : blanches, violettes, bleues ou mauves. Ils sont comparables au phosphore, au movillon, à la poussière de coquilles calcinées, au sucre, au papier, aux sulfures alcalins, aux vers-luisants, aux yeux de certains animaux, au chat en particulier, ainsi qu'aux protozoaires et aux noctiluques qui, en grand nombre, rendent les mers chaudes phosphorescentes.

***

— 135 —

Cette phosphorescence, chez l'homme, peut augmenter d'intensité si celui-ci a subi une vive insolation ou une longue exposition aux rayons X ou ultra-violets.

Ces émetteurs se distinguent des seconds du fait qu'éclairés par une lumière, ils apparaissent bleus si la lumière est bleue, violets si elle est violette. Parfois, ils absorbent cette lumière sans réflexion ou émission réciproque. Dans ce cas, il peut en résulter une opacité incomplète donnant le gris, ou opacité complète donnant le noir.

Les seconds (fluorescents) ont la propriété de transformer et de renvoyer les radiations qu'ils reçoivent en radiations colorées de plus grande longueur d'onde. C'est-à-dire qu'éclairés de bleu, ils apparaîtront vraiment colorés en vert, jaune, orangé ou rouge.

Ces émetteurs sont de la même famille que les corps fluorescents suivants : sel d'urane, les solutions de sulfate et tartrate de quinine, de chlorophylle, d'orseille, la fluoridine, la fluorescéine et les dérivés tels que l'éosine, l'érythrine, l'érythrosine.

*
* *

Tous ces éléments couvrent ou absorbent les couleurs bleu, violet ou mauve, mais réfléchissent le jaune, l'orangé et le rouge. Ils s'accordent avec les acides minéraux ou organiques et repoussent les alcalins comme le baryum, le strontium, le calcium, les bicarbonates de soude et de potasse, le carbonate de chaux, etc.

C'est à l'usage des radiesthésistes que nous avons cité ces

deux catégories d'individus et d'éléments. Cela leur permettra, par syntonisation, de faire la différence entre les phosphorescents et les fluorescents.

※

COMMENT VOIR LES AURAS ?

Pour voir les auras, le sujet à étudier doit être placé dans des conditions satisfaisantes : il fera face au Sud ou face au Nord sur fond obscur, suivant que l'observateur aura à se mettre en position isonome pour les femmes et hétéronome pour les hommes.

Ce dernier se sensibilisera la rétine avec du violet, puis, sans effort et sans fermer les yeux, il stabilisera sa pensée en se mettant dans la neutralité mentale la plus absolue.

Après une vingtaine de secondes d'attente, un brouillard pellucide apparaîtra autour du sujet. Les radiations émises par le fluide, deviendront translucides d'abord, puis opaques ou colorées en certains points. Notamment, aux orifices naturels, au bassin (organes génitaux), aux aisselles, à l'extrémité des doigts, à la face externe de la cheville droite, et à la pointe des seins chez les femmes. (Fig. 22).

Ajoutons que ces points d'Auras, dits d'hyperesthésie, peuvent servir à la détection radiesthésique des sensations particulières du sujet.

Ensuite, l'aura se généralise pour prendre la forme d'une enveloppe ovoïde et colorée. Elle se dissipe et réapparaît successivement jusqu'à stabilisation complète.

Fig. 22

Parfois, cette luminosité n'entoure que la tête, partie essentiellement radiante du corps humain, mais elle est déjà suffisante pour fixer l'observateur.

C'est un phénomène assez analogue à l'ectoplasme nébuleux non matérialisé.

L'aura adhère au corps, ou en est séparée par une zone que des savants appellent espace noir cathodique.

On compare généralement la luminescence de l'aura aux feux-follets, lorsqu'elle offre la forme d'un pinceau d'étincelles fugitives et tremblotantes, d'une très grande mobilité et montant verticalement.

Ce phénomène s'observe très bien chez une personne assise dans l'obscurité.

On la voit aussi sous forme de brouillard sillonné d'étincellements indéfinissables, de points ou d'éclairs.

Elle imite quelquefois les étincelles d'une machine électro-statique et semble dégager une odeur d'ozone ou de fluor.

Sa couleur varie du mauve au rose en passant par toute la gamme chromatique, s'irise et irradie en contours estompés très variables.

L'observateur doué et attentif pourra se rendre compte que les auras humaines se présentent verticalement, horizontalement, ramassées ou dispersées, en spirales, en tourbillons, en girations ou en ondulations.

Fig. 23

S'il sait se mettre en dehors de tout phénomène d'auto-suggestion ou d'hallucination, ces différentes formes lui permettront des déductions fort intéressantes. (Fig. 23).

*
* *

Voici, à ce sujet, quelques significations :

Verticalement se traduit : justice, intégrité, clairvoyance, radiesthésie et **téléradiesthésie**.

Horizontalement avec écartements : efforts dispersés, manque d'esprit de suite.

Horizontalement sans écartements : don de la concentration de la pensée et des actes.

Spirales : persévérance, suite dans les idées.
Tourbillons : manque d'assurance, vertige.
Girations entretenues : unité de but.
Girations fragmentées : indécision.
Ondulations : grande activité cérébrale et physique.

Le Docteur KILNER, qui a longtemps étudié les auras, les classe en quatre grandes catégories :

1° L'aura noire qui cerne le corps. Sa largeur est de un demi-centimètre.

2° **L'aura intérieure**, large de deux centimètres, est d'un bleu clair et se présente en lignes **striées de chaque** côté du corps.

3° L'aura extérieure, sans contour bien défini, est d'un bleu vif tirant parfois sur le vert ou le gris incertain. Elle est de six à huit centimètres chez l'homme et de dix à quatorze centimètres chez la femme.

4° L'ultra-aura, sorte d'irisation qui reproduit les couleurs de l'arc-en-ciel, synthèse du blanc, atteint quelquefois deux mètres, mais n'est que très rarement visible.

Pour nous, qui voyons les auras avec une certaine facilité, nous estimons que c'est un fluide impondérable dont l'individu est pénétré et qu'il dégage autour de lui.

*
* *

Ce phénomène étudié radiesthésiquement se révèle comme suit :

Pour la femme, les couleurs positives sont contre le corps et sont cerclées extérieurement de couleurs négatives. Inversement pour l'homme.

Nous entendons des couleurs franches et des sujets physiquement et moralement sains. Car il en est autrement chez les individus intoxiqués pathologiquement ou psychiquement, et dont les auras sont de couleurs ternes, incertaines ou tapageuses.

De même que chez ceux qui sont atteints de folie d'obsession ou d'intentions malveillantes, on observe un renversement des couleurs.

*
* *

COULEURS DES AURAS ET LEURS RÉFÉRENCES

Les couleurs claires se réfèrent à la mentalité.
Les couleurs saturées à la spiritualité.
Les foncées à la matérialité.
Une seule couleur indique l'unité de but et d'action.

Plusieurs couleurs s'harmonisant font supposer le goût aux belles choses.

Les couleurs bariolées sont révélatrices d'égoïsme ;
— mélangées sans accord sont révélatrices d'incohérence ;
— criardes sont révélatrices de violence, d'agressivité ;
— pâles sont révélatrices de lymphatisme ;
— ternes sont révélatrices de fourberie ;
— franches sont révélatrices de loyauté ;
— incertaines sont révélatrices de toxicité, de maladies graves.

La couleur groseille indique sentiments bas ;
L'indigo indique altruisme, désintéressement ;
Le violet foncé indique déficience cérébrale ;
Le violet exact indique occultisme ;
Le violet clair indique tempérance, spiritualité ;

Le blanc indique vitalité, optimisme, allégresse, élévation, génie chirurgical et médical ;

Le gris sale indique avarice, duplicité ;
Le gris exact indique peur, folie douce, mensonge ;
Le noir indique pessimisme, tristesse, morbidité ;

Le pourpre-rouge indique passion charnelle (plaisirs de la chair) ;

Le pourpre-violet indique passion sensuelle (plaisir des sens).

***

A noter une particularité chez les hystériques : ils ont l'aura violette-bleue parsemée de points noirs. C'est également l'indice d'une nervosité maladive ou d'une paralysie en puissance.

Voici quelques autres attributions :

Brun est synonyme d'égoïsme ;
Rouge vif de légèreté et de virginité ;
Rouge foncé de sensualité ;
Orangé de stabilité, de studiosité ;
Jaune-orangé d'ambition raisonnable ;
Jaune-vert de jalousie ;
Vert-clair d'adaptibilité ;
Vert-gris de ruse, de traîtrise ;
Vert foncé de rusticité, de causticité ;
Vert vif d'une nature superficielle et vaporeuse ;
Vert-brun de rancune ;
Vert-bleu de bravoure ;
Bleu-vif de dévotion ;
Bleu-ciel de gaieté, de franchise ;
Bleu-clair de sénilité.

*
* *

AURAS DES ENFANTS

L'aura des enfants s'observe plus facilement au moment précis de leur naissance. Chez eux l'aura est presque toujours rose, sauf, cependant, pour les coléreux où le rose est teinté de bleu.

On leur décèle rarement une aura grise. A moins qu'ils ne soient le produit d'une fécondation de parents traînant derrière eux une lourde hérédité, dont ils ne sont d'ailleurs responsables ni les uns ni les autres ; ou encore si la maman a, durant sa grossesse, porté des couleurs voyantes ou fortement saturées.

Dans l'un ou l'autre cas, les enfants peuvent être de futurs sinistrés du cerveau ou des naufragés de la chair qui les a conçus.

** *

En admettant qu'il soit possible de filmer les auras, par le cinématographe en couleurs, l'écran n'en donnerait qu'une image imparfaite pour se faire une opinion, étant donné que chaque individu est psychiquement et physiquement différent des autres par sa façon de penser et sa manière d'agir.

** *

Heindel a souvent observé ce qui se passe dans les réunions politiques. Il dit notamment :

« Un démagogue s'efforce de pousser les ouvriers à la grève. Les contours de son corps sont hérissés comme l'armature d'un porc-épic, et bien que la couleur orange-foncé fut perceptible avant sa réunion, elle paraissait écarlate au cours de son exaltation.

« Dans l'auditoire où il y avait un fort courant d'opposition, on pouvait distinguer les deux camps aux couleurs de leur aura respective.

« Une partie des auditeurs reflétait la couleur rouge écarlate de la colère, tandis que l'autre se révélait rouge-grise, couleur de la crainte. »

Dans « *Trame et Destinée* » (1) le même auteur rapporte encore un fait très curieux :

---

(1) Leymarie, éd., Paris.

« Une autre fois, dit-il, nous allâmes dans une réunion composée de plusieurs milliers de personnes venues pour entendre un orateur de talent. La vue des auras individuelles, au commencement de la réunion, nous prouva que la plupart des assistants n'étaient venus là que dans un but de curiosité. On voyait distinctement que leurs pensées se rapportaient à la vie ordinaire de chacun d'eux, mais chez certains d'entre eux on apercevait une couleur bleu-foncé, indice d'une attitude soucieuse.

« Alors commença le chant des hymnes au son de la musique ; les mêmes paroles, la même mélodie, le même rythme semblaient fondre toutes les auras en une seule couleur d'acier. Un sentiment unanime avait amené là tous les assistants.

« L'unité et l'effort avaient fusionné cet auditoire qui vibrait à l'unisson. Et c'est alors que l'orateur, jonglant en artiste avec les émotions de son public, le faisait passer du rire aux larmes.

« Vint ensuite l'appel d'avoir à se lever. L'invitation fut entendue de tous, même des railleurs à aura grise. Ce fut alors une réponse générale avec la même émotion et la même aura bleue et or, signe de la ferveur religieuse. »

CONSEILS

Ceux qui désireraient exercer leurs facultés de perception peuvent tenter l'une des deux opérations suivantes :

1° Mettre les mains bout à bout dans le sens horizontal et de champ, les doigts légèrement écartés, en face de la partie inférieure abdominale d'une femme vêtue de noir, cette dernière placée le dos au jour.

Ces conditions requises, on les complétera d'une période d'accommodation des yeux pendant quelque vingt secondes. Puis on effectuera avec les mains des mouvements d'aller et retour. Si l'on est clairvoyant, on discernera la trace nébuleuse laissée par le passage des doigts et l'on aura la vision paradoxale ?

2° Mettre à la chambre noire des effets usagés fraîchement abandonnés. Si l'on est doué d'une sensibilité visuelle particulière, on constatera objectivement un dégagement d'effluves montant verticalement.

La couleur de ces effluves rémanents est en rapport avec le sujet qui vient de quitter ces effets, ce qui permettra de faire les mêmes déductions que sur la personne elle-même.

Disons que le fait de voir les auras ou les effluves s'appelle chromopsie.

Dans l'occultisme occidental, rapporte l'Astrosophie, on divise l'être humain en sept plans différents d'extériorisation appartenant à la vie passée, à celle de la Terre et à la vie future. Ces plans correspondent chacun à une couleur :

Le **Rouge** corps physique : plan matériel,
La **Nacre** corps éthérique : plan d'irisation, de vie et de mouvement,
L'**Orangé** corps astral : plan de santé, de guérison occulte,
Le **Jaune** corps mental : plan de la fécondité, de la stérilité ou de la débilité,
Le **Vert** corps causal : plan de décadence,

— 147 —

Le Bleu corps bouddhique : dernière phase de nos vies successives,

Le Violet corps athmique : dernière étape de vie spirituelle.

Ces divers plans seraient en relation entre eux, et ce serait par l'air subtil, appelé éther, que la transmission s'effectuerait des plans terrestres aux plans supérieurs.

C'est ainsi que le corps physique de l'homme serait influencé par son corps astral. L'éther liant tout ce qui est dans le Cosmos serait le véhicule de la lumière, des couleurs, des radiations qui nous viennent de l'Univers visible ou invisible. C'est par ce moyen que nous arriveraient aussi les forces occultes, lesquelles agissent sur notre corps émotif et notre corps mental.

Nous ne sommes pas éloigné de penser que ces forces sont les messagères fidèles qui, devançant les événements, nous les font prévoir des mois et des années à l'avance. Question de relativité, sans doute ? De prémonition, fort certainement !

Quoiqu'il en soit, il est présumé que la faculté de voir les auras est intimement liée à celle de prévoir les événements.

Qu'on veuille bien nous permettre de relater quelques faits typiques qui nous sont personnels :

A l'âge de six et sept ans, respectivement, nous avons vu les Allemands, dans un mouvement convergent, emprunter les routes de Vitry-en-Artois, de Douai et de Courcelles-lès-Lens pour occuper notre pays natal, Beaumont-en-Artois. Or, vingt-six ans après, en 1914, c'est l'invasion, et l'événement se produit comme prévu.

* **

Durant cette guerre 1914-1918, nous avons fait don à notre pays de plusieurs inventions très utiles à la Défense Nationale. Dans la description de leur technique, nous avons employé des termes et des formules de mathématiques jusqu'alors ignorés de nous.

Le 24 février 1935, nous prions quatre personnes dignes de foi de noter ce qui suit : une grosse partie de la flotte anglaise se déplacera vers le Sud.

Six mois après, de nombreux bâtiments anglais se rendent en Méditerrannée pour les affaires éthiopiennes.

* **

Ailleurs, sur une simple question posée, nous donnons les détails suivants sur une jeune femme inconnue de nous : future maman, nombre de jours de gestation, date de la mise au monde, sexe de l'enfant à naître. Pronostic vérifié en tous points.

* **

Ces derniers phénomènes sont du domaine de la métagnomie prophétique soit prévoyance dans le futur, prévision, prémonition, pressentiment, prescience, préconnaissance.

— 149 —

Comme les auras, les formes métagnomiques se présentent colorées et se déroulent devant les yeux comme un tableau vivant, elles deviennent accessibles à la rétine du clairvoyant qui en fera la description télépathique et métagnomique. Et comme ce mode de perception a un rayon d'action presque illimité, le sujet lucide plongé dans la simple neutralité, sans hypnose et sans transe, pourra dématérialiser à toute distance et amener devant ses yeux le plasma psychique ou physique des individus et des objets.

*
* *

C'est ainsi qu'en présence de six médecins, nous avons fait la description physique, morale et pathologique de deux femmes connues de ces Messieurs, inconnues de nous.

Par ailleurs, dans une ambassade française nous avons, sans la connaître, fait le croquis de la propriété de l'attaché militaire.

En présence du Docteur B..., de Londres, nous dématérialisons un de ses malades anglais et lui décrivons sa taille, son faciès, sa tenue, son état général et ses misères pathologiques.

FIN DE LA TROISIÈME PARTIE

QUATRIÈME PARTIE

LE VRAI VISAGE DES COULEURS

QUATRIÈME PARTIE

CHAPITRE IX

Chromothérapie. — Chromologie. — Chimie des Couleurs et Sentiments divers. — Le Violet. — L'Indigo. — Le Bleu. — Le Vert. — Le Jaune. — L'Orangé. — Le Rouge. — Les Rayons Infra-rouges. — Le Noir. — Le Blanc. — Blanc et Noir. — Le Gris. — Les rayons Ultra-violets. — Les rayons X. — Tonalités Secondaires. — Conclusion.

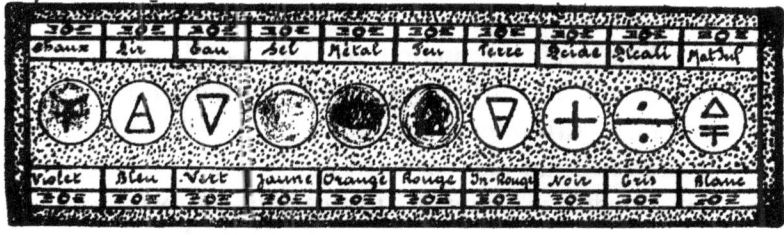

CHROMOTHÉRAPIE

La médecine des couleurs, déjà ancienne, fut en 1891, baptisée *Chromothérapie* par le Docteur Foveau de Courmelles, animateur incontestable et incontesté de cette thérapeutique par les lumières et les couleurs. Il sema le germe des premières applications et présenta de nombreux rapports à l'Académie de Médecine de Paris.

Il prouva notamment, que lorsqu'un malade se traîne au soleil, il recourt à la fois à la chaleur, à la lumière, aux couleurs du prisme, à son infra-rouge, à son ultra-violet, utilisant ainsi le soleil dans ses relations multiples et complexes.

***

Le Docteur Foveau de Courmelles écrit en substance :

« De prime abord plaisantée, cette nouvelle science eut ensuite beaucoup de partisans et de nombreuses applications : les « bains de lumière » connus sous le nom de « lumière vitalisée » méthodes employées couramment de nos jours par les médecins et les électriciens.

Bains de lumière rouge pour remonter les déprimés, bains de lumière bleue pour calmer les excités, les ataxiques.

Radiations colorées employées en odontologie (art dentaire), bleues pour l'avulsion dentaire, dans les névralgies à sidérer, la pyorrhée à guérir, l'anesthésie, l'analgésie, etc.

Puis, les médecins constatant les faits prennent la chromothérapie en considération.

Le Docteur Jules Regnault rappelle la médication colorée employée par les Chinois bien avant notre ère. Un autre constate des scarlatines sans néphrite consécutive grâce à la lumière rouge.

En mars 1894, le Docteur Foveau de Courmelles constate à son tour l'action de l'obscurité (du noir) sur une variole confluente qui n'a laissé aucune marque chez une femme de trente ans.

Les plaies exposées au rouge guérissent rapidement, observe le Docteur Mancelli Spinelli, qui expose au soleil ses tuberculeux habillés de tissus légers colorés.

L'action colorée externe fit penser qu'elle pouvait être aussi bien intra-organique et on passa à la coloration des tissus vivants telle que la quinine colorée en bleu, exposée au soleil pour bénéficier de ses effets fébrifuges.

※

Cette médecine des couleurs fut ensuite employée en gynécologie, dirigée au spéculum sur le col utérin, de concert avec une exposition au soleil, le ventre recouvert d'un tissu coloré approprié.

※

On remarque ensuite l'influence des colorations violentes et trop saturées sur la femme enceinte par des monstruosités chez l'enfant. Le caractère de celui-ci conserve l'influence des couleurs que portait la mère durant sa gestation, comme il tient souvent son pouvoir émotif du caractère émotif de sa mère.

Vint la reconnaissance officielle des infra-rouges, de l'intégration colorée, la pigmentation solaire ou artificielle, la dépigmentation, le rouge véhiculant de la haute fréquence, la résonance des radiations colorées, leur multiplication, la guérison de lupus par l'ensemble d'un certain nombre de couleurs s'accordant avec le cinabre.

※

La vogue des rayons X et le radium parviennent à éclipser momentanément la chromothérapie.

En 1933, le Docteur DUFESTEL remit en question l'héliothérapie artificielle, devenue depuis l'actinologie. Et, ce fut un nouveau réveil durable.

※

Aujourd'hui, la science des couleurs est appliquée par de nombreux médecins.

Citons les plus connus : Docteurs Foveau de Courmelles, Joire, Leprince, Raffegeau, Naret, Berillon, Fary, Potheau, Moineau, Castellan, Bouquet, Roux, Chavanon, Jules Regnault, Camille Savoire, etc. Les vétérinaires s'y intéressent aussi, notons les Docteurs vétérinaires Desjaques et Aysoy. Le pharmacien Lesourd se sert des couleurs dans ses analyses, le Professeur Larvaron dans ses recherches au radiocampimètre.

D'autres font simplement de la chromologie et du chromo-diagnostic ; au nombre de ces derniers nous voyons Jacqueline Chantereine, Turenne, le Colonel Bourboulou, etc.

Sous l'impulsion de ces praticiens et chercheurs, la chromothérapie, le chromo-diagnostic et la chromologie ont pris leur place dans le monde scientifique et ont acquis droit de cité.

Sans doute, les procédés varient, mais ils se complètent les uns les autres pour tendre au même résultat.

*
* *

Les couleurs sont des agents thérapeutiques de haute valeur ; de plus, elles sont des stimulants des réflexes.

L'application de telle lumière colorée à un trouble, un mal, neutralise les réactions douloureuses ou angoissantes qui apparaissent vers deux heures du matin, heure à laquelle l'homme meurt généralement.

*
* *

Le Docteur Foveau de Courmelles en citant nos travaux dans « Le Courrier Médical », « La Gazette des Hôpitaux », « Le Siècle Médical » fait remarquer que les couleurs varient en intensité en (+) et en (—) suivant le degré et la nature de la maladie, qu'il faut, par conséquent, employer toute une gamme de couleurs sur tissu impossible à trouver dans le verre et la célophane.

Nous allons maintenant passer à la description du « Vrai visage des couleurs ». Mais, avant de commencer, nous tenons à faire remarquer que, s'il nous arrive de citer des cas heureux de soulagement et de guérison par l'utilisation des couleurs, nous les avons toujours obtenus en collaboration avec des médecins.

*
* *

En dehors de cela, nous possédons une technique, non médicale, qui consiste à modifier l'ambiance d'une chambre à coucher, d'un bureau de travail, d'une garde-robe par l'enlèvement ou l'apport de tapisseries, de tentures, de rideaux, de tissus, d'effets, de pierres, de métaux, etc.

*
* *

AVIS

Notre intention n'est pas de faire ici la description d'une thérapeutique des couleurs, ce n'est pas entièrement de notre compétence.

Notre ambition est plus modeste. Elle se borne simplement à des résumés comparatifs et purement documentaires des influences colorées.

Nous faisons de la chromologie et non de la chromothérapie.

Aucune confusion n'est possible !

Indiscutablement, l'une n'est pas l'autre.

La première concerne le chromologue, la seconde le seul médecin.

A chacun son métier...... !

H. M.

*
* *

CHROMOLOGIE

Avant d'entreprendre l'exposé de ce chapitre, nous tenons à mettre nos lecteurs en garde contre ceux qui, sans études préalables, sans documentation suffisante, se plaisent à adopter et à généraliser la méthode des autres.

*
* *

La radiesthésie des couleurs, comme les autres radiesthésies, est ouverte à tous les talents, mais reste fermée à toutes les complaisances.

Par les faits, nous savons qu'il n'est pas possible d'enfermer la radiesthésie des couleurs dans des limites arbitraires de conformisme « ou de dogmes ». Car autant de cas, autant de raisons pour ne pas tenter de généraliser telle méthode ou telle technique.

C'est pourquoi, nous nous élevons contre les plagiaires et laissons aux techniciens, aux praticiens qui sont à la tête de moyens personnels de réussite, une valeur morale individuelle que chacun ne peut emprunter à volonté.

Le domaine de la chromologie est encore très obscur. « Terre trop méconnue ». Sans doute ! Et cependant, cette forêt épaisse offre de splendides découvertes aux chercheurs qui pénètrent son mystère.

En étudiant et en exposant ses caractéristiques et ses applications, nous n'avons pas la prétention d'apporter des précisions sur une question aussi délicate que celle de la médecine des couleurs. Les explications chromologiques que nous allons tenter de donner à propos des résultats que nous avons enregistrés ne sont encore que des hypothèses.

Malgré tout, nous pensons que la chromologie n'en est encore qu'à son début. Il est donc nécessaire de la faire progresser en étudiant minutieusement le mécanisme des influences colorées dont les possibilités semblent presque infinies.

*
* *

Les couleurs stimulent ou endorment nos facultés, nos sentiments et nos talents.

Elles rendent notre vie facile ou pénible. Se servant à notre insu des choses cachées de la Nature, elles tissent notre destinée, modèlent notre corps matière, façonnent notre corps esprit, développent ou diminuent nos misères tant pathologiques que physiques, entretiennent ou détruisent la santé de notre âme et de notre corps physique.

*
* *

De même que le temps et nos pensées creusent les plis de notre cerveau, les traits de notre visage, les couleurs nous teintent d'inquiétude ou de confiance, organisent nos passions, nos désirs et nos émotions en nous accompagnant dans notre involution ou, suivant le cas, dans notre évolution.

Il nous appartient de nous adapter à celles qui nous conviennent et de fuir celles qui nous sont contre-indiquées.

Nous devons rechercher si leur pouvoir intrinsèque est de nous abaisser ou de nous élever, de nous amoindrir ou de nous grandir.

Nous devons enfin les favoriser et les fixer si elles sont fastes, les neutraliser ou les repousser si elles sont néfastes.

CHIMIE DES COULEURS ET SENTIMENTS DIVERS

Suivant l'ordre spectral lumineux des couleurs matérielles, nous débuterons par le violet :

Le violet

Le violet est la première couleur du spectre avec rayon fondamental au Nord.

Le violet naturel est tiré de la campêche, de l'alizarine, de l'alcana, etc.

Le violet artificiel, mélange de bleu et de rouge, est extrait de minéraux divers : manganèse, cobalt. C'est aussi un sesquioxyde de fer.

De toute façon, c'est une couleur essentiellement psychique qui, employée à faible dose et bien mesurée, calme les excitations nerveuses, les états fébriles, les insomnies. Mais, appliquée à dose massive, elle crée des sentiments exagérés d'irréalité, d'utopie et de tristesse.

On doit donc l'employer avec modération, notamment dans le cas de troubles céphaliques, de glaucome et de trachome.

 Cœlum.

L'indigo

L'indigo ne figure pas dans le spectre solaire, tout au moins visiblement dans la décomposition de la lumière. C'est la seconde de la gamme chromatique des couleurs matérielles. Il est l'intermédiaire entre le violet et le bleu.

C'est un bleu moyen, un bleu chevreul.

Lorsqu'il tend au côté violet, c'est l'azur indigo ; du côté bleu c'est un bleu cérulien, du côté vert, c'est un bleu cyanique.

L'indigo est porteur de vibrations vitalo-psychiques. Il renforce l'esprit et l'intellectualité, agit sur l'encéphale et le mauvais fonctionnement de l'intestin.

C'est la couleur des personnes nées sous les signes du Sagittaire et des Poissons.

Le bleu indigo naturel c'est un bleu lapis lazuli. Il est

tiré de l'indigotier dont les espèces sont très nombreuses. La chromothérapie l'emploie dans les cas de pneumonie et de dyspepsie.

Le bleu Chevreul extrait du bois de campêche sert principalement à des réactions chimiques.

 Montanus

*
* *

Le bleu

Le bleu est la seconde lumière du spectre, il est de signe négatif comme l'indigo, le violet, l'ultra-violet et le blanc.

Ses radiations sont dites vitalogènes, elles fortifient et régénèrent le système nerveux déprimé. Le bleu est synonyme de calme et d'alcalinité ; il est anesthésique, analgésique, antinévrique, antispasmodique et microbicide.

Ses flux colorés conviennent aux sanguins, au hypernerveux, aux pléthoriques, aux congestifs, aux arthritiques, aux rhumatisants, aux obèses, aux adipeux.

C'est la couleur de prédilection des personnes blondes, en général, et, en particulier, des personnes nées sous le signe du Cancer.

On peut l'employer dans les contusions, les névralgies, la sciatique, l'asthme, le rachitisme, les plaies, les radio- ou radium-dermites.

Il déprime les lymphatiques, favorise l'anabolisme, apaise les brutaux, les coléreux, les passionnés sexuels. Il fait disparaître les réactions de la syphilis acquise.

Son rayon fondamental est Nord-Est.

Le bleu outremer est tiré de roches de feldspath ou artificiellement par calcination d'argile contenant un silicate d'alun ou avec du sulfure de sodium.

Le bleu cobalt est obtenu en traitant l'oxyde de cobalt avec l'alun.

Le bleu de Prusse, avec des sels de fer et le ferro-cyanure.

Le bleu azurite est un carbonate de cuivre naturel ; il est moins pur que le bleu outremer.

Quelle que soit son origine, le bleu est une couleur belle et noble.

*
* *

Les fourreurs enveloppent l'hermine de bleu pour lui conserver sa blancheur. Il sert aussi à blanchir le linge, les raffineurs s'en servent pour blanchir leur sucre. Coïncidence étrange, le bleu a la saveur du sucre ; par conséquent il ne convient pas aux diabétiques. Par contre, il est très utile dans l'ophtalmie, mais doit être employé avec précaution par des praticiens compétents et éprouvés.

*
* *

Un jour, une dame vient nous trouver et nous dit subir les méfaits d'une agitation nerveuse au point de ne plus pouvoir tolérer personne autour d'elle.

Nous lui désignons deux couleurs, l'une à mettre sous l'oreiller, l'autre sous les reins.

Quelque temps après, elle fait l'admiration de son entourage.

Elle avoue qu'elle ne sait pas comment et pourquoi elle se sent protégée contre l'émotion et l'angoisse qui la déprimaient.

☷ Montanus

Le vert

S'il fut toujours considéré comme une couleur d'apaisement, le vert n'en est pas moins une couleur néfaste. En d'autres termes, c'est une couleur peu recommandable et capable de préparer à bien des surprises désagréables.

Nous allons d'ailleurs en faire le procès :

Les poètes, les premiers, direz-vous, ont de tous temps chanté les louanges et les vertus du vert de la Nature. C'est un fait.

D'après nous, si le vert helvétique engendre le calme chez les matérialistes et les brutaux, s'il est reposant pour les excités, c'est un excitant pour les reposés.

En effet, le vert, point gamma du bleu et du jaune, puisqu'il résulte du mélange de ces deux couleurs, n'a aucune action ni sédative, ni stimulante sur les personnes normales. Il ouvre ainsi la porte à la neutralité et, partant, au déséquilibre.

D'ailleurs, essayez de penduler le vert, n'importe lequel, vous constaterez que votre détecteur traduit l'incertitude en tournant dans tous les sens ou en restant immobile.

Le vert, c'est une couleur particulière que nous reconnaissons impropre à l'équilibre et à l'harmonie de notre individu, et dont les influences sont autres que celles qu'une tradition erronée semble lui attribuer.

D'abord, apprenons qu'il y a plusieurs verts :

    Le vert spectral,
    Le vert de la végétation,
    Le vert minéral,
    Le vert animal ou industriel,
    Le rayon vert.

Sachons retenir qu'il y a un fossé entre l'influence de chacun d'eux, mais qu'ils sont tous, plus ou moins, à effets instables et perturbateurs.

Ajoutons que les couleurs vertes appartiennent à trois catégories :

1° Le vert spectral obtenu par décomposition de la lumière ou polarisation.

2° Les verts chimiques à base d'une seule espèce.

3° Les verts obtenus par mélange de bleu de Prusse et de jaune de chrome.

Ces derniers, dits verts anglais ou cinabres, présentent les inconvénients des couleurs à base de plomb.

Le milieu du vert, ou vert fondamental de MAXWELL, correspond à la cendre verte, ou émeraude. Il se situe entre le vert prusse et le vert prairie.

**

Le vert reflète le bleu et le jaune, il absorbe le rouge et le violet.

Or il est donné de constater une production de chaleur à l'endroit où se produit un phénomène d'absorption ; par ailleurs, il y a fuite de radiations bleues froides et calmantes, fuite également de radiations jaunes stimulantes des sentiments normaux. On se rend donc facilement compte que l'équilibre est rompu par la présence du vert et du fait de l'arrivée excessive de radiations violettes faussant l'intellect, et de radiations rouges incitant à la colère et à la violence.

***

De fait, le vert sert à neutraliser. Les chromothérapeutes pourraient, s'ils ne l'ont déjà fait, utiliser cette couleur qui est au seuil de la sensation avec une énergie minima signalée par MM. Brard et Gorceix.

***

Si l'on calcule l'intensité de la lumière en unités mécaniques, le vert se révèle comme neutralisant les bonnes et les mauvaises radiations. Et c'est ici que nous attirons l'attention du chromothérapeute. Si le vert annule ou met en équilibre instable, il suffirait donc de l'appliquer ou de le diriger sur un trouble en même temps que la thérapeutique ordinaire. Le mal étant neutralisé par le vert, le remède agirait d'autant mieux.

Partant de ce principe, le vert-pomme peut être employé dans les cas suivants : traumatismes, chocs postopératoires ; le vert foncé s'adressera à l'érysipèle, à la furonculose, bien qu'il soit nécessaire de déterminer si l'infection est staphylococcique ou streptoccocique.

Il nous fut donné de constater fréquemment que le vert bien choisi peut interférer une furonculose en puissance, soulager un cancèreux, adoucir les troubles d'une hérédo-tendance.

Nous nous souvenons qu'en présence du Docteur R..., nous avons supprimé radicalement les douleurs affreuses d'un cancèreux dix jours avant sa mort. Durant ce laps de temps, un vert fut employé en applications épidermiques, abolissant ainsi toute manifestation douloureuse, ce qui permit au malade de vivre ses derniers jours dans le calme le plus complet.

Comme on le voit, le vert est parfois utile et bénéfique.

Il est faste dans certains cas pathologiques tels : la furonculose, les troubles vésiculaires, le cancer, la syphilis acquise ou héréditaire. C'est aussi la couleur des personnes rousses (naturelles) en bonne santé. Mais c'est un véritable antagoniste pour ceux dont l'état général est exempt des syndromes précités.

Le vert spectral, lumière naturelle, est peut-être le seul dont l'influence soit moins pernicieuse au point de vue désir ardent des choses matérielles et voluptueuses que tous les verts incarnent.

Le vert de la végétation, lui, n'est bénéfique que dans certaines conditions d'éclairage.

Il ne devient, par conséquent, supportable que dans une variation des couleurs dans le temps et dans l'espace, d'une couleur à une autre. D'où nécessité de faire intervenir l'équivalence des rapports.

*
* *

Dans « La Chronique des Sourciers » directeur Henry de FRANCE, MM. BRARD et GORCEIX citent le fait suivant :

« Si on pose sur un pendulisant un objet de couleur verte, on freine immédiatement le mouvement des girations pendulaires au point de les arrêter ». Ils concluent par un avertissement aux porteurs de cravates vertes.

Avis à tous les radiesthésistes, ajoutons-nous, qui portent du vert ou vivent dans son ambiance.

*
* *

Dans le domaine des choses contrôlables, étudions et observons nos voisins les Anglais :

Ils habitent une île qui est généralement brumeuse, une île où les « green » (pelouses vertes) sont fort en honneur et très répandues.

Malgré cet apport important de verdure naturelle, nous constatons, d'une manière générale, que ce sont des sujets moroses, flegmatiques et fermés, contrastant étrangement avec les gens rieurs des pays ensoleillés où règne l'harmonie des proportions : vert végétal, bleu céleste, lumière solaire.

Ceci démontre bien que le vert de la Nature ne suffit pas à lui-même pour nous apporter la joie et qu'il perd son charme par temps bouché, parce que, précisément, il n'est pas corrigé par le bleu du ciel et les rayons solaires.

Dans ces conditions, le vert de la Nature devient rapidement monotone en favorisant certains sentiments.

Cet exposé explique suffisamment, semble-t-il, l'irritabilité et la sensation pénible causées par la couleur verte, naturelle ou artificielle.

*
* *

Le Professeur Ovio a trouvé que dans la vision périphérique, c'est le vert qui produit la fatigue avec le plus de promptitude et d'intensité.

Conclusion déjà suffisante en elle-même : le vert est déprimant au lieu d'être stimulant.

Du reste, à l'expérience, tout le monde peut constater que le vert se confond avec le bleu et non avec le rouge.

C'est ainsi que, par beau temps, le vert végétal semble gai et nous enchante, il se renforce de l'éclairage bleu de l'horizon et son adaptation augmente en raison de la pureté du ciel. Mais, par temps gris et pluvieux, il devient sans attrait et parfois irritant, en absorbant les radiations rouges qui pourraient quand même nous parvenir. On sait, en effet, que ce sont les radiations rouges qui sont les plus excitantes de toutes les radiations sidérales.

*
* *

Si nous sommes au bord de la mer par un beau ciel bleu, son ensemble sera toujours d'un heureux effet sur notre rétine. Nous n'aurons pas la même sensation visuelle avec un ciel gris. Ce milieu trouble détruira la note gaie pour la remplacer par une maussade.

*
* *

A cet effet, nous posons la question de savoir pourquoi le climatisme marin n'est pas supportable par tout le monde ?

Vous avez sans doute déjà entendu certaines réflexions au sujet de la mer ?

« La mer, pour moi, chère amie, ne vaut rien. Elle m'agace, m'irrite et m'énerve. »

Et pourquoi ?

La réponse est simple à concevoir et même à expliquer :

Le vert frappe la rétine et agit défavorablement sur le système nerveux de certains baigneurs et plus particulièrement de certaines baigneuses, au lieu d'apporter le calme comme on l'affirme trop aisément.

*
* *

Avez-vous remarqué que les carpettes de verdure ne prennent leur valeur que décorées de massifs floraux ?

Que dire d'une région bien connue, boisée de certains arbres, où les gardes forestiers semblent être les victimes ignorées du vert de leur uniforme et de la végétation ?

La chlorophylle conjugue ses effets avec ceux des autres verts.

Les pygmées qui vivent dans les forêts épaisses de l'Afrique centrale ne doivent-ils pas leur nanisme à l'ambiance chlorophyllienne de ces grandes étendues d'arbres ?

Comme nous sommes loin, n'est-il pas vrai, des rêveries poétiques sur le vert symbolisant l'espérance ?

Et, ce n'est pas tout. Nous continuons le procès !

Ce que nous venons d'écrire au sujet du vert sylvestre, démontre péremptoirement que si le vert végétal n'est pas comparable aux autres verts, les uns et les autres, pour être agréablement supportés, doivent être corrigés par une couleur lumière ou une couleur franche de la gamme des couleurs matérielles.

Vous comprenez déjà pourquoi le vert est catalogué par nous comme n'étant pas sympathique et que les vertus qu'on lui accorde sont loin d'être bénéfiques pour tout le monde.

***

Avant de se parer de ces couleurs aux effets trop souvent mystérieux et malfaisants, si les coquettes connaissaient mieux l'influence des couleurs vertes sur leur système sensitif, et à quel point ces couleurs les enlaidissent par les réactions qu'elles provoquent sur leurs nerfs, elles hésiteraient avant d'arrêter leur choix sur ces couleurs aussi peu sympathiques que fantastiques.

Il est curieux de constater qu'une femme habillée de vert, alors qu'elle croit plaire, fait dévier le désir de l'admirer. Elle est fade à l'œil, froide à l'esprit, insipide au cœur.

Ses charmes se dérobent sous l'écrasement de la couleur verte, son visage semble éteint et inesthétique ; sa personnalité, confondue avec le vert, passe inaperçue.

Durant la Grande Guerre, j'ai remarqué que les officiers du Trésor et des Postes, habillés de vert épinard, étaient plus nerveux que les autres et supportaient moins bien les bombardements effectués par temps couvert.

Voyons maintenant le vert minéral :

Celui-ci est franchement mauvais.

Comment admettre que les pierres vertes soient bénéfiques d'une façon générale, lorsque, par une opinion commune, nous avons tant d'exemples qui nous indiquent le contraire.

L'émeraude elle-même est d'un effet assez particulier.

Si le bestial Néron se plaisait à parsemer l'arène de poudre verte et à contempler avec une émeraude plate les combats des gladiateurs, c'était bien parce que ce monstre sanguinaire trouvait là le moyen d'atteindre au paroxysme du sadisme.

Dans « *Le Courrier Médical* » d'août 1935, sous la signature du Docteur Foveau de Courmelles, nous lisons un fait rapporté par le journal « *Le Temps* ».

« Ce n'est pas la première fois qu'on étudie expérimentalement l'influence de la lumière sur le développement **et la transformation** d'un organisme vivant. Des expériences ont été faites et toujours elles ont montré que la lumière la plus favorable à ce développement est la lumière violette ; vient ensuite la bleue, puis la lumière rouge ; l'action la plus défavorable est exercée par la lumière verte ».

*
* *

De ces références, il semble bien résulter que le vert matériel est celui qui demande à être le plus surveillé.

A toutes fins utiles, retenons ce qui suit :

Le vert de Scheele est un arseniate de cuivre,
Le vert véronèse en est un autre,
Le vert Schwenfurt est un acéto arseniate de cuivre,
Le vert Guiguet, un sesquioxyde de chrome hydraté,
Le vert Rinman, un protoxyde de cobalt et oxyde de zinc,
Le vert minéral, un carbonate de cuivre,
Le vert de vessie de porc est dangeureusement toxique,
Le vert malachite est un carbonate de cuivre.

Tous ces verts sont plus ou moins purgatifs du fait de leur toxicité.

*
* *

D'autre part, le vert est manifestement belliqueux en soi et, qui plus est, il incline à la ruse subtile, à la jalousie, à la traîtrise et à la perfidie.

Le moins que nous puissions dire, c'est qu'il n'est pas pacifique, si nous en jugeons par la couleur verte des uniformes de certains pays en opposition sourde ou déclarée avec d'autres nations.

— 175 —

Cela indique certainement une relation de cause à effet quand nous voyons le vert déterminer chez les uns un caractère de justice vindicative, chez les autres de l'infatuation sous des lois et des mœurs austères.

Qui sait ? Le vert, dont sont peints les véhicules de certaines Compagnies de Transports, n'est peut être pas étranger au penchant marqué pour la mauvaise humeur par une bonne part du personnel ?

Dans un autre ordre d'idées, on a constaté que dans les courses de lévriers, les champions ne sont jamais les chiens recouverts d'un paletot vert.

Et nous continuons !

Le vert matériel, c'est la couleur du jeu, de la spéculation, du désordre, du relâchement et pour tout dire de l'oubli de soi-même.

Le vert est, d'ailleurs, responsable d'un grand nombre de détresses humaines :

Où vont ceux qui approchent ou fréquentent la troublante roulette au maléfique tapis vert ?

Que de pertes financières, de ruines physiques et morales celle-ci n'a-t-elle pas sur la conscience ?

Le vert de billard est épuisant. Demandez-le aux joueurs de billard ?

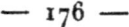

Le tapis vert des conférences est certainement le plus neutralisant, si on en juge par le nombre considérable des « laïus » prononcés autour de lui. Il est très rare, en effet, qu'ils soient suivis d'actes qu'on attend toujours.

N'est-ce pas une corvée d'attendre dans un salon ou une antichambre à côté d'une table recouverte d'un tapis vert ? C'est curieux comme l'on s'y ennuie au point de s'y endormir !

Croyez-vous que ce soit meilleur pour l'homme d'affaires, le parlementaire ou le médecin ? Pas du tout !

Nous sommes bien persuadé qu'une ambiance autre que celle du vert est nettement plus favorable à l'intellectuel, au praticien de quelque profession que ce soit.

Nous ne dirons pas en détail de quelle façon s'organise la lutte sournoise entre le vert et l'homme, retenons seulement que le vert tend à tout autre chose qu'à capter les bonnes radiations de la clientèle et, ce malgré la rigueur professionnelle du monde savant.

Tous les verts n'offrent pas à nos yeux la même luminosité, ni la même influence chimique à notre organisme. Car, si le vert matériel impressionne davantage notre rétine, il agit plus spécialement sur nos tissus.

Les couleurs spectrales et matérielles provoquent, chacune pour leur compte, des effets photochimiques et chromochimiques :

Effets photochimiques sur notre rétine, organe de perception ultra-sensible, qui communique instantanément ses impressions à nos systèmes nerveux et musculaire. Sauf, cependant, dans le cas de cécité partielle d'origine syphilitique (amaurose).

Effets chromochimiques produits par le contact d'une couleur dont la conséquence se traduit par des réflexes et des contre-réflexes.

Il est d'autres effets dont les couleurs vertes sont responsables :

Effets chromophysiques, produits par le voisinage de substances pigmentaires, à action physiologique bonne ou mauvaise.

Effets chromopsychiques sur le mental et le subconscient.

Citons quelques exemples :

Un Docteur s'installe dans la quartier des halles à Paris.

Au début, la clientèle qui connait la réputation du praticien semble affluer. Mais phénomène curieux, le médecin constate qu'une bonne partie de sa clientèle ne revient pas.

Le temps passe, l'heure fuit, les mois et les années sans que les clients cessent de bouder.

Il prend alors la résolution de changer de quartier.

A peine est-il installé dans ses nouveaux locaux que ses clients reviennent à une cadence accélérée et, il apprend de plusieurs sources que la teinte verte de son ancien cabinet était la seule cause de son infortune.

*
* *

A Fontenay-sous-Bois une dame fait de la neurasthénie, mais elle aime le vert à la folie.

Son mari nous met au courant de cette situation et nous prie de venir étudier sa maison.

Dès que nous sommes sur place, sa femme profite de l'absence de son époux pour nous dire que la vie conjugale est pour elle devenue impossible et nous **confesse** son intention bien arrêtée de quitter son mari, ses trois enfants pour voyager et se refaire une vie.

Pourtant chez elle rien ne manque ; le mari a une très belle situation et cherche toutes les occasions pour se conformer à l'humeur et aux exigences de son épouse.

Mais, voilà !

Partout du vert, l'horrible vert. Tapis, carpettes, peintures murales, tout est vert. Jusqu'aux effets d'habillement c'est du vert sous toutes ses formes : chapeaux, gants, souliers, même le corset est vert.

Madame lui-dis-je ! Voulez-vous que je vous donne le goût de rester chez vous et d'être heureuse ?

A quoi bon, me répondit-elle ?

Et puis ! Après tout !! Essayez toujours !!!

Nous entreprenons de désimprégner cette jeune femme et d'interférer tout ce vert.

Un mois après elle a totalement changé d'avis. Elle chante en se levant, elle aime son mari et ses enfants et n'a aucunement l'intention de les quitter. Depuis elle déteste farouchement le vert.

Une dame vient nous consulter afin de connaitre ses couleurs bénéfiques. Elle nous informe que le « cafard » fait d'énormes ravages dans son moral. Elle aime le vert par goût bien défini. Au reste, ce jour-là, elle est habillée de vert des pieds à la tête.

Notre réponse est vite donnée !

Madame, puisque vous êtes neurasthénique cessez de porter le vert, car votre « cafard » deviendrait vite dangereux. A la suite de ce conseil elle porte des couleurs indiquées et son moral devint meilleur.

* * *

Une autre est persuadée d'avoir le cancer. Cette pensée ne l'abandonne pas.

Quelle couleur aimez-vous, Madame ? Telle est notre première question !

Le vert, répondit-elle.

Eh bien ! Cessez de porter du vert et tout ira bien.

Nous avons des nouvelles de cette personne, le tumulte de ses ténébreuses pensées a fait place à la paix et à la tranquillité de l'esprit.

Le Docteur C... nous prie d'étudier la garde-robe de sa femme. Nous éliminons deux robes vertes.

Mais la coquetterie féminine fait souvent oublier l'essentiel, et six mois après sa femme remet ses robes vertes. Les conséquences dangereuses ne se font pas attendre. En espérance de quatre mois, elle fait une hémorragie haut et bas, mettant ainsi en péril la vie de l'enfant à naître. Les raisons cliniques faisant totalement défaut, le Docteur conclut à l'action troublante des robes vertes.

* *
*

Nous pourrions continuer ces citations, mais la place occupée par le vert est déjà suffisamment importante et nous estimons que cette description est de nature à pouvoir faire comprendre comment les couleurs vertes peuvent agir défavorablement.

Plus le vert est saturé, plus il est violent dans ses manifestations, à moins de faire du daltonisme complet ou de l'anaphylaxie.

En bref, si les couleurs vertes sont reconnues belles, cela ne les empêche pas d'être les auxiliaires inexorables, et peu séduisantes de « l'envers de notre équilibre », équilibre rompu systématiquement en vertu des processus énoncés.

En tout cas, rien de bien fameux à attendre d'elles. En effet, il ne faut pas perdre de vue qu'elles déteignent sur nos tissus organiques, donnent aux liquides de notre économie physiologique leurs colorations à pigment biliaire, urinaire ou autre, qu'elles dilapident, gaspillent nos forces sur le plan physique comme sur le plan psychique.

N'allons trop vite à chanter le mérite et la gloire du vert, alors que nous devrions le blâmer et le critiquer.

En résumé : le vert est atrabilaire, il est le symbole de la haine des hommes, du dégoût de la société, de l'humeur bourrue et chagrine ; il est le parrain de la toxicité, voire toxicogène ; il est l'artisan de la déficience, l'auteur responsable du déséquilibre cellulaire et d'une bonne part de nos misères pathologiques.

Ainsi, en portant du vert sans être dans l'obligation de le faire, on peut être incommodé. Alors qu'en cas d'états morbides, le vert peut les combattre, parfois les annuler.

Les faits plaident donc contre les verts et confirment de toutes parts qu'ils sont des agents peu sympathiques, souvent escortés de tout un ensemble de radiations latentes, tendant à se manifester à la première occasion, à l'endroit des points d'hyperesthésie plus ou moins marqués des individus.

Vouons-nous donc aux tonalités plus attrayantes que les vertes. Et, avec une inflexible rigueur, réglons notre vie quotidienne sur ce conseil.

L'homme qui cherche à se gouverner lui-même, sans esprit de parti ou sans instinct grégaire, reconnaîtra que ses inclinations et ses déboires peuvent avoir pour origine les milieux colorés, notamment verts.

 Aqua.

*
* *

Le jaune

Quatrième lumière du spectre, cinquième du cercle chromatique avec R. F. E-S-E.

Le jaune est chargé de métabolisme du renforcement des chairs, des organes de l'appareil digestif, compense, tempère la chaleur et la force, augmente la tonicité neuro-musculaire générale.

Il est antiscorbutique, il a la saveur du sel, il agit sur le pancréas, le foie et la rate.

On peut l'employer comme stimulant dans les cas d'anémie, de maladies des voies respiratoires, certaines constipations, rhumatismes chroniques, leucémie et contre les réactions de la tuberculose.

*
* *

Le jaune est presque toujours d'origine minérale :
Jaune de chrome (chromé de plomb).
Jaune de cadnium,
Jaune de zinc (chromé de zinc),
Jaune de baryum (chromé de baryum),

Jaune orpiment (sulfure d'arsenic),
Jaune de Naples (antimoniate basique de plomb).

*
* *

La couleur jaune a permis à M. Marcel Mouton d'apporter une immense contribution aux problèmes de l'éclairage des routes et à la circulation des voitures automobiles.

Il a remarqué que les lampes fabriquées au sulfure de cadnium produisaient une lumière sélective jaune augmentant de 15 % la portée des phares en atmosphère limpide et diminuant de 30 % la fatigue oculaire des conducteurs et piétons.

*
* *

Le jaune c'est l'élément coloré des mystiques, des rêveurs, des imaginatifs et de ceux qui sont nés sous les signes de la Balance et du Taureau.

S'il stimule les lymphatiques, il agace les nerveux, en voici un témoignage particulièrement éloquent :

Le Docteur L... nous appelle auprès d'une de ses malades atteinte d'acyanopsie (cécité pour le bleu), souffrant depuis plusieurs années d'un mal de rein chronique et chez laquelle la thérapeutique était mise en échec.

Nous l'examinons et étudions sa chambre à coucher entièrement jaune de chrome.

D'accord avec le médecin, nous faisons mettre sous la couche de la malade un mètre de tissu bleu cyanique, puis nous attendons.

Un mois plus tard, le Docteur nous informe que sa malade ne souffre plus.

*
* *

Remarque : si le jaune augmente la tonicité neuro-musculaire générale d'un hyponerveux, il exalte l'hypernerveux. Or, nous avions affaire à une hypernerveuse couchant depuis deux ans dans une chambre saturée de jaune.

N'est-ce pas là une preuve suffisante pour admettre que la cécité d'une couleur peut aggraver l'aberration chromatique de l'œil ?

*
* *

Malgré son apparence extra-scientifique, nous venons de mettre en relief le rôle, méconnu jusqu'alors, d'éléments diversement colorés et leur comportement en face de certains individus dont l'action peut disposer à l'hypo ou à l'hypernervosité ?

 Ignis.

*
* *

L'orangé

L'orangé est la cinquième lumière du spectre, la sixième de la gamme industrielle.

Il est obtenu par un mélange de couleurs végétales, telles la « ruba-tinctoria » et la « césalpine ». Il existe de nombreux orangés appartenant à la chimie organique. Beaucoup sont tirés du chromate basique de plomb ou d'oxyde élevé de plomb.

L'orangé se situe entre le jaune et le rouge pour donner dans le secteur de l'équilibre physique et psychique, avec R. F. au S-E.

Engendrant le flux corporo-psychique et supprimant l'action exagérée du bleu, il convient aux tristes, aux timides, aux irrésolus, aux chastes excessifs et aux personnes nées sous le signe du Lion.

*
* *

L'orangé serait un tonique cardiaque, il agirait favorablement contre les troubles à tendance cyanotique ; troubles caractérisés par la coloration bleue de la peau et l'aspect violacé des téguments, types de l'engelure et de l'onglée.

Il combattrait l'érythrose pudique ou exagération réflexe.

Cette couleur bénéfique entre toutes, lutte contre la somnolence, elle protège le rayonnement et la force de ceux qui désirent résolument être ou se maintenir optimistes.

Elle extériorise et appelle des sentiments vigoureux au profit de ceux qui se débattent dans le pessimisme et les petites déceptions de la vie quotidienne.

 Ignis.

*
* *

Le rouge

Le rouge dernière lumière et couleur du spectre.

En dehors de sa lumière rouge spectrale, il peut être d'origine minérale, végétale ou animale.

Les variétés étant très nombreuses nous ne citerons que quelques-uns de ses principaux éléments de base :

Sexquioxyde de fer, oxyde de plomb, « *Cartamus tinctorius* », « *Ruba tinctoria* », « *Coccus cacti* », etc.

Le rouge joue un grand rôle dans l'ensemble des transformations que subissent les organismes vivants par le mouvement nutritif, sous son double aspect d'assimilation (anabolisme) et de désassimilation (catabolisme). Il exalte l'appétit et les sentiments charnels.

*
* *

Congestionnant et emménagogue, il engendre l'énergie physique, crée la chaleur et la force. Il convint donc aux anémiques, aux chlorotiques, aux rachitiques, aux maigres, aux faibles, aux frileux et aux apathiques. Son action est véritablement stimulatrice.

Par son flux érythrothérapique il est antiseptique et cicatrisant. Par conséquent, très utile dans l'eczéma, les brûlures, les coups de soleil et peut corriger une dose excessive d'ultra-violets. Il fait engraisser et produit de l'ischémie cutanée, combat l'hydarthrose.

C'est la couleur des personnes brunes et de celles nées sous les signes du Bélier et du Scorpion.

Le rouge seul exprime la passion, la révolution, l'amour ardent. Mais tempéré par une couleur froide, il se dépouille de sa violence et conserve sa force.

*
* *

L'action du rouge sur les fièvres éruptives n'est plus à démontrer.

Au moyen-âge on traitait déjà les varioleux en les enveloppant dans des couvertures rouges. Ces procédés subsistent encore en Roumanie, au Caucase, en Chine et dans certaines de nos campagnes où le corps et le visage des varioleux sont recouverts de tissus rouges.

Les mêmes procédés sont employés dans les cas de rougeole.

*
* *

Deux enfants ont la rougeole, ils sont chacun dans leur chambre.

Si l'on met des rideaux rouges aux fenêtres du premier, sans rien changer aux fenêtres du second, on constate que l'enfant dont les fenêtres sont aménagées de rouge, est plus promptement rétabli.

*
* *

C'est là un phénomène d'absorption. En effet, il ne faut pas oublier qu'une couleur est capable d'absorber les radiations colorées qu'elle est susceptible d'émettre.

Ainsi s'expliquerait l'action absorbante des rideaux rouges d'où guérison plus rapide.

 Terra.

*
* *

L'infra-rouge

Moins réfrangible que le rouge, l'infra-rouge est une onde électro-magnétique comme les autres couleurs. Sa gamme s'étend de 7.500 angstroms à 15.000 angstroms.

Ses rayons obscurs possèdent la faculté de traverser l'air chargé de poussières ou de vapeur d'eau sans être sensiblement absorbés.

Précieuse indication pour les congestifs et les inviter à ne pas se mettre derrière une vitre frappée par la lumière solaire. En effet, le verre laisse passer les rayons infra-rouges, mais ne se laisse pas traverser par l'ultra-violet.

Le congestif, produisant déjà par lui-même des quantités importantes de rayons infra-rouges, évitera cette exposition inutile et souvent dangereuse en raison de cette action calorifique et congestionnante, qui tend à augmenter la proportion des globules rouges.

Employés à une distance de 0 m. 30 à 1 m., suivant les cas, ces rayons calment les douleurs névralgiques, activent la prolifération des cellules.

Ils sont d'autre part employés contre les douleurs articulaires, les abcès, les adénites, l'anémie et la tuberculose.

*
* *

Les sanatoria ne sont-ils pas souvent en haute altitude ? Non pas surtout pour rechercher un air pur, mais parce que plus on s'élève plus on se charge de signe positif et moins on absorbe les rayons ultra-violets.

D'ailleurs — ce n'est un secret pour personne — l'eau bout vers 82° au sommet du Mont-Blanc.

Alors ! Concluons !! Les faibles à la montagne, les forts à la plaine. Encore faut-il apprécier l'altitude et la formation géologique intervenant pour une bonne part dans ces deux climatismes.

 Terra.

*
* *

Le noir

Le noir est une teinte et non une couleur, attendu que le noir absolu n'existe pas.

Le noir est égal au néant, à la fin, à la mort.

C'est la teinte affectionnée par les médiocres, ceux qui ont peur de leur ombre et de la mort. C'est aussi la teinte — mais qui leur convient — de ceux qui sont nés sous les signes du Capricorne et du Verseau.

La sensation visuelle du noir c'est l'obscurité. Il déterminerait l'assimilation et formerait avec le blanc un couple de sensations, un substratum unique, une substance visuelle capable de consommation et de restauration.

L'œil sent l'obscurité comme l'oreille sent le silence, a dit PURKINGE.

Le noir provoquerait la rétention des phosphates de chaux chez les rachitiques et les déprimés nerveux.

A noter, en outre, qu'après relâchement de l'œil dans les phénomènes de contraste ou d'images posthumes on voit toujours une sensation correspondant à une sensation opposée. Le blanc donne le noir et inversement.

 Sal.

Le blanc

Le blanc symbole de la pureté est la synthèse de toutes les lumières et de toutes les couleurs ; sa sensation visuelle est intimement liée à celle du noir.

En se basant sur de nombreux phénomènes visuels : persistance, images, contrastes, HERING admet qu'il se produit dans l'organe de la vue des processus internes de désassimilation auxquels s'ajoutent des procédés d'assimilation.

Il en résulterait que la sensation visuelle du blanc détermine l'assimilation.

**

Un fait analogue peut se produire avec la sensation du rouge et du vert, du jaune et du bleu et « vice versa ».

Toutes les substances visuelles créeraient donc les mêmes phénomènes d'assimilation et de désassimilation.

Assimilation	Désassimilation		
Noir	Violet	=	vert,
Rouge	Bleu	=	gris,
Jaune	Blanc	=	gris,
Rouge	Vert	=	pourpre.

 Ventus.

**

Blanc et noir

Une règle qui ne souffre aucune exception, c'est que le froid très violent produit l'effet du chaud.

Les sensations physiques engendrées par le froid et la chaleur et perçues par nos sens se retrouvent dans le blanc et le noir.

Essayez de mettre de l'eau très chaude dans deux bouilloires, une blanche et une noire, vous constaterez que l'eau de la bouilloire noire refroidit plus rapidement que celle de la blanche.

Etendez sur la neige, un manteau blanc et un manteau noir ; là encore, vous remarquerez que la neige résiste plus longtemps sous le manteau blanc que sous le noir.

On ne peut donc nier l'action différente et très nette du blanc et du noir. Le noir s'échauffe plus facilement que le blanc. Le blanc se laisse moins traverser que le noir, le premier repousse la chaleur, le second la développe.

C'est la raison pour laquelle le blanc est en honneur dans les pays chauds et le noir dans les pays froids.

Le noir, qui n'est pas précisément une couleur — en raison de ce qu'il n'est pas absolu — est toujours relatif.

Optiquement, il apparaît d'autant moins noir qu'il est davantage éclairé par le blanc. La sensation du noir est donc aussi intimement liée à celle du blanc.

Rappelons que le blanc et le noir produisent respectivement de l'hyperémie et de l'ischémie cutanée ; le blanc fait maigrir, le noir fait engraisser. Par ailleurs, le blanc provoque la contraction, le noir la dilatation. Tout se passe comme si le blanc donnait lieu à des réflexes courts et le noir à des réflexes longs.

Le gris

Le gris n'est pas non plus une couleur. C'est une teinte résultant d'un mélange de blanc et de noir.

C'est le symbole de l'ultime désintégration, de l'éteint, de la lumière mêlée aux ténèbres. C'est le néant, l'espace et le poison.

Blanc et noir, étant peu extrêmes, n'ont plus une fois mélangés le caractère ni du blanc ni du noir, et, donnent une sensation incolore au point vernal des deux teintes.

Il existe des gris descendants qui vont vers le noir et des gris ascendants qui vont vers le blanc. Les uns et les autres agissent comme milieux troubles indistincts.

Le gris se situe à l'Ouest sur la bissectrice du faisceau. Exactement à 270°, il est dit gris neutre ou plus correctement gris pur ; gradation du milieu des gris, teintes plus ou moins obscures

Or, l'obscurité, même relative, n'a jamais été un stimulant. Nous la percevons avec la raison, mais elle ne nous donne aucune sensation.

Le gris c'est un point neutre qui détermine une cécité partielle, ou une dichromatopsie, avec absence totale de sensation colorée.

*
* *

Par opposition, comme le gris est en face du vert, il provoque également une cécité pour le vert, dite « deutéranopsie », ce qui explique la confusion complète et l'aberration provoquées par les gris et les verts.

Les teintes grises apparaissent comme un système déficient ou réduit des teintes normales ayant pour valeur zéro.

Il faut ajouter que dans la cécité pour le vert ce dernier apparait gris.

Ne serait-ce pas là une explication du point manquant des « dichromatiques » ? C'est-à-dire les yeux qui reproduisent toutes les sensations colorées avec deux couleurs seulement. Alors que les normaux (trichromatiques) ont besoin de trois couleurs.

*
* *

Divers auteurs : Rosenthiel, Previati, Léonard, Chevreul, Pfund ont étudié le verdissement dans l'adjonction du blanc et du noir, principe des séries arithmétiques et géométriques des normes grises de Guillaume Ostwald.

De ces études, il résulte que le blanc ajoute du vert au mélange blanc et noir ; que le noir, par absorption, le fait tourner au vert. Exemple : les vieux vêtements noirs.

En général, toutes les couleurs verdissent, sauf le rouge qui verdit le moins. Ce qui prouve d'une manière évidente le verdissement des milieux gris et noirs et la correspondance en secteurs opposés du gris et du vert.

Le gris verdâtre est extrêmement désagréable à l'œil.

Le Professeur Ovio nous enseigne que par simple effet de l'éclaircissement ou de l'obscurcissement dans un mélange de blanc et de noir on peut faire varier le champ d'absorption par élargissement ou rétrécissement asymétrique.

*
* *

Le gris, conjonction du froid et du chaud, se loge, comme nous l'avons déjà dit, dans le secteur Ouest ou de la toxicité. Il s'étale sur 60° avec ligne de bissection passant à 270° dans le prolongement de la bissectrice du vert à 90°.

En fait, on dirait que le vert sert d'éminence grise aux poisons.

Il y a là un parallélisme, déjà signalé, du rayon fondamental du gris, du vert et des toxiques.

Quoiqu'il en soit, le gris favorise l'acidité chez les bruns et l'alcalinité chez les blonds, deux extrêmes désireux de se toucher pour se corriger mutuellement.

*
* *

Enfin, si nous nous plaçons sur le plan astrologique nous apprenons que le gris correspond à Saturne-plomb, planète qui amène le « spleen » et qui tout comme le gris, et ses complices, favorise l'arthritisme, mais calme les crises d'appendicite et les coliques intestinales.

Les teintes grises ne conviennent pas à ceux qui craignent la calvitie ou redoutent une mauvaise dentition.

En revanche, les personnes nées sous les signes du Verseau, des Gémeaux, de la Vierge et du Capricorne s'en accomoderont fort bien. Mieux encore ! Elles seront considérées comme indispensables, sous quelque forme que ce soit.

☳ Tonitru

*
* *

L'ultra-violet

D'une action chimique très puissante l'ultra-violet est obtenu au moyen d'une lampe à mercure obturée par un écran de quartz coloré.

Les rayons ultra-violets ont une gamme importante entre 3.200 et 3.600 angstroms. Leur secteur s'établit entre le violet et les rayons X.

C'est de la lumière noire (Gustave LEBON) déterminant des phénomènes fluorescents avec ou sans action biologique ou nocive. Elle ne traverse pas le verre.

*
* *

L'ultra-violet donne de merveilleux résultats chez les rachitiques, mais ne convient pas aux cardiaques, ni aux cas de lésions pulmonaires en évolution. Vers 1.000 angstroms il produit des décollements rétiniens.

L'irradiation par ultra-violet s'appelle « uvéthérapie ».

☰ Cœlum

LES RAYONS X

Il ne nous appartient pas de faire ici une description technique et détaillée des rayons X. Notre incompétence en la matière nous l'interdit formellement. Nous tenons seulement à dire quelques mots dans l'unique but d'épuiser la gamme des spectres figurant dans l'arc obscur.

Découverts par ROENTGEN, les rayons X sont invisibles comme l'ultra-violet et l'infra-rouge. Leur propagation se fait en ligne droite, ils ne sont pas influencés par l'aimant, déchargent les corps électrisés et impressionnent la plaque photographique.

Ils sont l'œil du médecin car ils constituent un excellent moyen de diagnostic en lui permettant de voir et de décrire l'intérieur du corps.

Animés d'une grande force de pénétration, les techniques actuelles mettent à profit ses propriétés thérapeutiques dans nombre d'affections justiciables de la Radiothérapie.

On sait que ces rayons permettent le traitement de la plupart des néoplasmes et des tumeurs érectiles. Ce sont de puissants modificateurs des réactions tissulaires dans les transformations profondes.

Ils sont étroitement apparentés aux rayons « Gamma » du radium.

*
* *

TONALITÉS SECONDAIRES

Le mauve

Le mauve se répercute favorablement dans la région splénique (rate), il favorise la cérébralité, l'art poétique, le génie médical et chirurgical.

Le bleu ciel

Ton d'une action sédative et calmante, il apporte la paix des sens, la détente morale ; il a d'heureuses répercussions sur les organes sexuels trop actifs. Il ne convient ni aux séniles, ni aux gâteux, mais c'est l'élément coloré des hypocondriaques et des carboniques.

Le bleu paon

Convenablement appliqué, ce coloris annule les dispositions à la dipsomanie, au jeu, à la spéculation, à la haine, à la colère et au spasme cardiaque ; il engage au « farniente » voire même à la misanthropie et combat avantageusement la parathyroïdie.

Le vert clair

S'adresse tout spécialement au cerveau surmené, il réveille la mémoire, fait revivre les souvenirs les plus lointains. Dans certains cas il convient aux psychopathiques.

Le bleu turquoise et le vert jade

L'un sans l'autre ou l'un avec l'autre, suivant le cas, s'inscrivent en bienfaiteurs des deux sexes entre 45 et 55 ans ; ils tendent, en effet, à ramener sur la verticale le fléau de la balance ménopausique et prostatique.

Le jaune d'or

Judicieusement appliqué sur le plexus solaire, c'est un stomachique excellent en même temps qu'il active la région pancréatique, et ramène l'équilibre dans le cas d'hyperthyroïdie.

Le tango

Puissant régulateur, il incarne les sentiments de camaraderie, de famille, de bonne entente : il attire les sympathies, engendre la joie de vivre, il combat l'émotivité et l'anxiété des cyclothymiques. La femme le portera en attributs dans sa toilette, l'homme dans la poche gauche de son veston.

Le marron

De la famille des rayons infra-rouges, il est à réflexes cutanéo-psychiques, il sensibilise la peau et les deux stations cérébrales.

Il possède un grand rayonnement de chaleur et de ce fait étend considérablement la faculté de percevoir au-delà de la forme physique.

Il réchauffe les extrémités inférieures et rétablit la circulation du sang, lutte contre l'insuffisance ovarienne chez la fluorique.

Le brique

Porté en sachet il est souverain dans le cas d'insuffisance biliaire et par voie de conséquence combat l'embarras intestinal ainsi que l'auto-intoxication.

Le pourpre exact

Puissamment excitant, il éveille et réveille les pensées amoureuses, les appétits charnels ; lutte contre la frigidité, la somnolence et l'asthénie sexuelles, mais employé à très faible dose. En masse dominante il joue le rôle inverse.

Le pourpre-violet

Il corrige l'hypergénitalité.

Le pourpre-rouge

S'oppose à l'hypersexualité du phospho-calcique.

Le rose corail

Porté la nuit autour du cou, il engendre les sentiments nobles de l'amour du prochain, combat la tendance à la neurasthénie, aux pensées ténébreuses, à l'humeur inquiète.

Le rose

Contraste avec le vert-jaune, se porte également autour du cou pendant une durée variable suivant l'individu, ses instincts et ses appétences de volupté.

*
* *

Nous ajouterons, en terminant ce chaptire, que toutes ces actions colorées visibles ou obscures sont admises ou repoussées par nos sensibilités, nos allergies, nos antécédents, nos idiosyncrasies, nos anaphylaxies, nos radio-anaphylaxies, nos photo-sensibilisations, nos phototaxies, actions si souvent démontrées par le Docteur Foveau de Courmelles, à la Société de Pathologie comparée.

Ces différentes observations constituent autant de chapitres qu'il faut étudier de près et, autant de raisons qui doivent faire apprécier la chromologie. Nous espérons de plus en plus que cette science permettra d'augmenter considérablement le nombre des applications et de ceux qui lui font une large part dans l'organisation de leur vie courante.

Ce qu'il importe de retenir, de ces différentes recherches, c'est l'importance que nous attachons au mécanisme des influences colorées. Si certaines observations ne figurent pas dans les traités classiques, les faits n'en existent pas moins.

Les résultats obtenus sont significatifs et mettent en évidence l'utilisation des agents colorés.

On ne peut plus nier, à l'heure actuelle, le rôle des couleurs dans leurs nombreuses manifestations.

Nous venons d'exposer, aussi clairement que possible, un certain nombre de réflexes psycho-cutanés et organo-cutanés déterminés par la vue ou le contact des couleurs.

De même, nous avons donné une idée très approximative de leur valeur clinique en passant en revue les principaux rapports mentaux et fonctionnels.

Par ces quelques précisions, on comprendra combien les radiations colorées sont susceptibles de provoquer de sensations, d'états divers et de les transmettre au siège des pensées.

On comprendra mieux encore comment les applications colorées, si délicates et si subtiles en elles-mêmes, s'opposent à un choix fait au hasard, choix qui ne souffre ni la médiocrité, ni la généralisation.

Il faut, par conséquent, se pénétrer de la nécessité de tenir compte de la situation physique et psychique des sujets, qui sont aussi différents les uns des autres que peuvent l'être les couleurs et leurs conséquences heureuses ou fâcheuses.

Ici moins qu'ailleurs on ne peut prétendre mélanger des valeurs qui ne s'accordent pas.

Certes, le mécanisme de production de réflexes et de sensations que nous venons de développer peut apparaître hypothétique ou téméraire à ceux qui ne sont pas en mesure de nous comprendre, ou parce que bon nombre de ces phénomènes échappent au contrôle et à l'explication faciles.

Il n'en est pas moins vrai que beaucoup d'objections pourraient tomber si, avec sincérité, on se donnait la peine de vérifier les faits, les occasions ne manquent pas.

*
* *

Une conclusion s'impose : la couleur, la pierre précieuse, le métal, la fleur, le parfum, le fruit, le bruit agissent sur nous avec leurs infinis lumineux, tactiles, olfactifs, gustatifs et sonores ; même quand un trouble, une lésion naturelle d'un organe, la présence d'un microbe pathogène faussent leurs manifestations normales, nous en sommes toujours tributaires au plus profond de nous-mêmes.

*
* *

COULEURS, SENTIMENTS ET APTITUDES

Le Mauve, le Vert-clair, le Bleu truquoise sont trois tonalités favorables à la mémoire, au travail cérébral acharné, à la studiosité, à l'assimilation cérébrale ; elles disposent à la télépathie, à l'intuition, aux affaires importantes avec opportunité, calme et hardiesse ; elles tempèrent la combativité et l'orgueil.

*
* *

Le Blanc, le Pourpre-violet, le Bleu-ciel rendent le jugement bon, développent le goût aux sciences, aux beaux-arts, aux lettres, aux mathématiques, à l'astronomie, à la médecine, au chant, à la musique, à la médiumnité, à la clairvoyance, au magnétisme et à la psychométrie.

**

Le Rose, le Gris-blanc, le Gris exact, le Pourpre font perdre le sens de la mesure ; ils inclinent à la vie compliquée et variable, à la rêverie, l'émotivité, l'incohérence, l'éclectisme, la religiosité. Ils régissent toutes les professions relatives à la terre : laboureurs, mineurs, charbonniers, plombiers et soudeurs.

A faible dose, ils luttent contre la neurasthénie, la passion, l'ambition et la cupidité.

**

Le Noir, symbole des sentiments continus profonds et déterminés, dispose à la volupté des objets acquis même inutilement, au commandement avec noblesse de l'esprit, à la carrière militaire, à l'amour ardent, aux passions fortes, à la vanité, à la superstition, à l'opiniâtreté, à la culture, aux sciences, à la législation et aux inventions.

**

Le Pourpre-rouge engendre la volonté tenace, la bravoure, l'infidélité, la jalousie.

Il est généralement affectionné par les gourmets et les gourmands : les grands buveurs, les grands mangeurs, les grands jouisseurs lesquels, ont presque toujours une peur irraisonnée de tout et une terreur morbide de la mort.

**

Le Marron, le Brique militent en faveur de l'habileté oratoire et aratoire, des sciences en général, de l'amour des arts, des lettres, de l'agriculture, du professorat, du secrétariat. Ils sont l'indice de la zoophobie et de la crainte de l'obscurité.

**

Le Rouge facilite la fertilité imaginative, l'humeur inégale, variable, capricieuse ; il entraîne aux rêveries extravagantes, à l'austérité, aux goûts religieux, à l'aversion du mariage, au mysticisme, à la direction des affaires, aux tendances sylvestres, aux professions d'écrivains, d'avocats, de soldats, de chirurgiens, de dentistes, de forgerons, de bouchers, de charcutiers et cuisiniers ; il annonce aussi une tendance à la dipsomanie, à la cyclothymie, à la psychopathie et à la pyromanie.

**

Le Tango, le Coq de roche, le Jaune d'or disposent aux armes, à la bijouterie, à la joaillerie, aux sports, aux sentiments artistiques, à l'amour de la nature, aux postes de souverains, de chefs d'Etat, de chefs militaires ; ils modèrent les penchants aux excès de table et propulsent l'inclination à la vie psychique active et exubérante.

**

Le Jaune crée le sentiment des choses faciles, du moindre effort, de la critique, de l'éloquence et s'accorde avec les goûts champêtres, scientifiques, politiques et bancaires.

Il régit les professions d'artistes, d'acteurs, de musiciens, de fleuristes, de pâtissiers, de confiseurs et de chocolatiers.

— 205 —

*
* *

Le Bleu outremer dominant appelle l'adynamie, l'hypomanie, la peur de la mer, la toxicomanie, le manichéisme, le masochisme, l'hystérie du mensonge, etc.

*
* *

Le Violet renforce les dispositions au psychisme, à la radiesthésie, à la télépathie et à la vision à distance.

*
* *

COULEURS ET ASTROLOGIE

L'Astrologie est une science ancienne déjà. Née en Chaldée elle passa successivement en Egypte, en Grèce, en Italie et dans toute l'Europe occidentale.

Persécutée sous le moyen-âge, elle reprend son prestige et atteint son apogée au XVIe siècle, époque à laquelle chaque Roi, chaque Prince s'attache un astrologue.

Puis, attaquée, traquée par de nombreux sceptiques et des savants négateurs, elle est mise en sommeil durant plusieurs siècles.

Enfin, nous en arrivons à notre époque où elle jouit d'une immense notoriété. Et, l'on voit des hommes d'Etat étrangers et des hommes politiques français ne rien faire et ne rien entreprendre sans consulter l'Astrologie judiciaire.

*
* *

On ne la nie plus, on reconnaît l'exactitude de ses prévisions qui dépasse tout ce que le calcul des probabilités est capable de donner. Du fait de cet engouement nouveau, on voit des hommes instruits, habitués aux méthodes rationnelles de contrôle, reconnaître son incontestable utilité et s'inscrire en tête de ses plus zélés propagateurs.

*
* *

C'est à la suite d'observations judicieuses sur le mouvement des Astres que les Chaldéens ajoutèrent des notions conjecturales relatives à l'influence de ces astres sur le monde de la Terre et sur les êtres vivants, humains en particulier.

*
* *

Ces Astres pris isolément ou en groupes, ont une influence mystérieuse sur tout individu. Cette influence se manifeste à l'instant même où l'enfant pousse son premier cri et l'accompagne durant toute la vie d'ici-bas. Elle se retrouve agissante dans chaque geste de la vie quotidienne ; d'une action bonne ou mauvaise elle prépare les saints et les assassins, les honnêtes hommes ou les voleurs, les courageux ou les paresseux, les intelligents ou les cancres, les idéalistes ou les matérialistes, les tempérants ou les ivrognes, etc.

Dire que nous devons tout supporter sans réagir et admettre le chemin tracé par le Destin serait une grave erreur de la part des partisans du moindre effort.

Si l'influence, qui gouverne l'individu, est reconnue bonne on peut l'entretenir ou la développer ; si, au contraire, elle est reconnue mauvaise on peut la corriger ou l'améliorer.

Le moyen nous en est donné par les couleurs. Car, si selon le fameux adage traditionnel, les astres inclinent et prédisposent, les couleurs déterminent et s'imposent.

C'est pour donner au lecteur le moyen d'en tirer le parti qu'il jugera utile que nous allons entreprendre la description des signes du zodiaque et des planètes en donnant un aperçu de leurs influx bons ou mauvais qui mettent l'homme en supériorité ou en infériorité.

Ce sera une belle illustration de la vérité occulte que nous avons inscrite en tête de notre ouvrage.

ASTROLOGIE ET CHROMOLOGIE

Un grand nombre d'anomalies organiques, de perturbations des équilibres fonctionnels, d'incapacités motrices, d'inaptitudes intellectuelles, de troubles du caractère sont trop facilement mis au compte de prétendus défauts relevant de la nature pathologique d'un foyer familial, de mauvaises habitudes, de l'aveuglement des parents ou encore des règles courantes de l'éducation.

On ne sait pas, ou on ne veut pas savoir que ces imperfections ont souvent pour causes diverses des agents d'ordre astral, mécanique, physique, chimique, etc. Ces causes peuvent être à la base d'une nature exceptionnelle donnant à l'individu toute possibilité de s'adapter aux conditions sociales qui lui conviennent le mieux, ou le poussent à devenir fatalement ce que le destin en a décidé.

* * *

Parfois, le sujet arrive, sans le vouloir ou intuitivement, à prendre le meilleur chemin et à s'orienter de lui-même vers des carrières qui lui plaisent énormément. Dans ce cas, ce sont des études faciles menant au succès.

* * *

D'autre fois, par des efforts inutilement répétés, des violences, des vexations, des moyens de coercition employés sans raison, des sanctions et des punitions injustifiées, les parents l'obligent à prendre une direction dans laquelle il se comporte piteusement et où il échoue fatalement envers et contre tout.

* * *

Presque toujours, si ce dernier adopte telle occupation c'est parce qu'instinctivement il la juge compatible avec ses prédispositions natales. Et, c'est pourquoi, lorsqu'il est dirigé autrement sans souci de son ressort psychomoteur, de son potentiel de développement, de ses nuances affectives, de ses possibilités d'actions on en fait un turbulent, un distrait, un maladroit, un paresseux, un méchant, en un mot, un raté.

Tandis qu'il est si simple de se souvenir de la date de naissance, de chercher le signe zodiacal, la planète gouvernante, la couleur, le métal, la pierre, la fleur qui l'influencent favorablement pour éviter ces fausses manœuvres, l'encourager dans ses bonnes dispositions et le corriger dans ses mauvais penchants.

*
* *

Bien entendu, ce moyen de rectifier ou d'améliorer des tendances de naissance ne s'applique pas seulement aux enfants, mais encore aux adultes et aux personnes âgées. Car, il n'est pas d'exemple que, de la première à la dernière étape d'une existence, on ne soit capable d'utiliser valablement les forces subtiles et agissantes, bien qu'invisibles, qui s'exercent sur nous par le rythme de leurs radiations. En effet, nous sommes, à tout âge, des instruments hypersensibles, à un degré insoupçonné, sur lesquels jouent leurs énergies.

*
* *

Il est évident que ces manifestations sont proportionnelles au nombre des astres, à l'intensité colorée, à la nature des métaux et à la sensibilité des individus, puisque des radiations tolérées par les uns, provoquent chez les autres des réactions morbides. Ceci démontre qu'une influence est capable de produire des effets différents ; de même, des effets semblables peuvent résulter des causes différentes.

*
* *

Pour les uns, c'est la résonance et la tolérance ; pour les autres, c'est la discordance, l'opposition ou l'anaphylaxie.

*
* *

Il suffit donc de s'intéresser tant soit peu à la nature des influences astrales, à celle des vibrations correspondantes pour qu'à tout moment on puisse procéder d'une façon irréprochable aux choix des éléments afin qu'ils agissent en toute circonstance pour le plus grand bien du sujet dans le cadre de son imprégnation natale.

*
* *

C'est en vue de permettre l'examen psycho-physiologique et psychiatrique d'un individu que nous allons passer en revue les douze signes du zodiaque, les planètes, leurs influences et leurs correspondants colorés.

*
* *

Comme l'écrit le Docteur DARRIER : c'est parce qu'il est vivant qu'un organisme, soumis à une action externe ou à une perturbation interne, est capable de réagir ; c'est parce qu'il est vivant qu'il peut se modifier sous l'influence d'une action subie, de façon à ce que plus tard il réagisse différemment ; c'est parce qu'il est vivant qu'il peut être intolérant : ses réactions sont essentiellement actives et vitales.

*
* *

On avouera qu'il est désespérant qu'il ne soit tenu aucun compte du facteur « astres » et du facteur « couleurs » qui sont si connexes qu'ils ne sont qu'une seule et même chose.

*
* *

L'expérience a montré que, originaires d'une cause directe et évidente, ces radiations sont capables de nous égayer ou de nous attrister, que leurs pouvoirs visent tant à la modération qu'à l'emportement, à l'amour qu'à la haine, à la bonté qu'à la méchanceté bien que nous ne nous en rendions pas compte.

***

Au total, c'est par ces effluves que nous pouvons conserver ou perdre, tout ou partie, de l'équilibre de notre organisme ; faire progresser ou rétrograder notre coefficient générateur, notre vie corporelle et notre vie psychique.

***

Il était tout naturel pour suivre l'ordre que nous nous sommes imposé de chercher, dans la description des astres et des couleurs, leurs concordances et leurs oppositions en incriminant une action bien définie des agents mécaniques, chimiques, physiques, alimentaires ou microbiens suivant une prédisposition fondamentale à les assimiler ou une résistance fonctionnelle à les repousser.

***

Ces causes réelles qui tendent à déterminer chez nous des effets certains dérivent de tendances innées, conséquences naturelles des choses surnaturelles.

Incliner à penser que l'individu échappe, par son libre arbitre, à ces manifestations concordantes ou discordantes, c'est conclure un peu à la légère et faire preuve d'un esprit philosophique peu élevé.

***

Des savants comme les Docteurs Alexis CARREL, CALLIGARIS, Albert LEPRINCE sont d'accord pour reconnaître que l'homme s'étend ou peut s'étendre bien au-delà de sa surface matérielle sur des pays entiers, des régions, des continents et par delà ceux-ci.

*
* *

En fait, la limite anatomique est celle vue par l'œil, mais la personnalité physico-psychique va plus loin, beaucoup plus loin.

Elle peut traverser les océans, les espaces interplanétaires et aller chercher à des distances considérables les radiations d'une couleur, d'un élément chimique, d'un vivant, d'un défunt récent ou ancien, d'une ancienne demeure, d'une tombe, d'une photo, d'un écrit, d'un astre, absolument comme le gland de chêne capte à n'importe quelle distance les particules ferreuses et phosphoriques dont il a besoin pour vivre et se développer ; même constatation pour la plante et sa chlorophylle, la fleur et son parfum, le fruit et sa saveur, la pierre précieuse et son action psychique, le métal et sa valeur thérapeutique.

*
* *

Voilà qui expliquerait, peut-être, le phénomène assez troublant de la téléchromothérapie, de la télémétallothérapie, de la téléphytothérapie communes à quelques opérateurs d'envoyer à grande distance des influences colorées, métalliques et métalloïdiques dont la condition reste encore inexpliquée, comme nous ne nous expliquons pas davantage où passent le poids et le volume des millions de tonnes de charbon et de stères de bois qui, chaque jour s'envolent en fumée, quand nous savons que la Terre ne perd, par 24 heures, que 60 kilogr. environ de son poids total.

* * *

Bien entendu, l'intrication de ces multiples énergies, terrestres ou sidérales, qui s'intègrent, se désintègrent et se réintègrent, qui nous sont transmises ou que nous captons de toutes parts, ne permet pas à notre conscience de discerner les influences de ces incalculables émissions, mais notre individu à tous, peut, à notre insu, les recevoir, les emmagasiner et les traduire, tôt ou tard, sous forme de phénomène de morbidité ou de bonne santé, dans le temps et dans l'espace.

* * *

COULEURS ET SIGNES ZODIACAUX

Nous référant aux données astrologiques, nous apprenons que chaque constellation, ou signe du zodiaque, au nombre de douze, occupe une zone de 30°, soit pour les douze signes 360°.

Le Nord se situant en haut, l'Est à droite, le Sud en bas et l'Ouest à gauche. Disposition inverse de celle employée par l'Astrologie, laquelle met, pour des raisons que nous ne pouvons développer ici, le Sud en haut, l'Ouest à droite, le Nord en bas et l'Est à gauche.

De sorte que pour nous le premier signe du zodiaque (le Bélier) se place sur la zone 240° à 270°, tandis que l'Astrologie le situe de 60° à 90°, secteur que nous affectons à la Balance. (Fig. 26).

— 214 —

Retenons que les premiers jours d'un signe sont encore sous l'influence du précédent et que les derniers jours commencent à subir l'influence de la constellation suivante.

Cette constatation nous amène à dire que le signe, la planète et la couleur, couvrant le même secteur de 30°, voient leur influence naître au début de cette zone, battre le plein à mi-course, et fléchir à la fin, absolument comme dans les phases lunaires ascendantes et descendantes.

Dans le but de faciliter notre tâche et celle du lecteur, nous allons faire la description de la Fig. 26, en donnant dans l'ordre croissant la place des constellations, des Planètes et des couleurs.

0° à 30°	Le Sagittaire, Jupiter, Violet,
30° à 60°	Le Scorpion, Lune, Bleu,
60° à 90°	La Balance, Neptune, Vert-bleu,
90° à 120°	La Vierge, Uranus, Vert-jaune,
120° à 150°	Le Lion, Vénus, Jaune,
150° à 180°	Le Cancer, Soleil et Mars, Orangé et Rouge,
180° à 210°	Les Gémeaux, Terre, Infra-rouges, Rouge foncé, Marron, Indigo iridescent,
210° à 240°	Le Taureau, Mercure, Noir,
240° à 270°	Le Bélier, Saturne, Gris-noir, Pourpre-rouge,
270° à 300°	Les Poissons, Gris-blanc, Pourpre-violet, Rose,
300° à 330°	Le Verseau, Blanc,
330° à 360°	Le Capricorne, Bleu-clair, Mauve, Gamma, Rayons X, Ultra-violets.

***

Fig. 26

Indiquons maintenant les divers aspects et leurs significations :

30°	Semi-sextile	aspect	bénéfique,
45°	Semi-carré	—	maléfique,
60°	Sextile	—	bénéfique,
72°	Quintile	—	—,
90°	Carré	—	maléfique,
120°	Trigone	—	bénéfique,
135°	Sesqui-carré	—	maléfique,
144°	Biquintile	—	bénéfique,
150°	Quincunx	—	—,
180°	Opposition	—	bénéfique ou maléfique.

Ajoutons le terme conjonction, qui signifie que deux éléments se trouvant au même degré d'une circonférence sont d'un aspect maléfique avec les maléfiques, bénéques avec les bénéfiques, qu'ils s'exaltent respectivement en mal ou en bien suivant le cas.

Par ailleurs, il est utile de savoir que le sens de rotation à observer pour un individu mâle est celui opposé au sens horaire, inversement pour un être féminin, mais toujours en partant, respectivement, pour l'un comme pour l'autre, à gauche ou à droite du signe zodiacal correspondant au mois et au décan de naissance.

On connaîtra ainsi la signification qui s'attache à une constellation, à une planète, à une couleur occupant la même zone, lesquelles par similitude, donnent toujours le même symbolisme. De sorte que, si l'on désire connaître les correspondances bénéfiques et les discordances maléfiques, on se reportera à l'exposé des divers aspects.

COULEURS, PLANÈTES ET MÉTAUX

En se reportant à la figure 26 on lira le secteur occupé par chaque planète et ses rapports avec tel signe du zodiaque, telle couleur et tel métal :

Jupiter = violet = étain, molybdène,
Lune = bleu = argent, zinc,
Neptune = bleu-vert = calamine,
Uranus = vert-jaune = brome,
Vénus = jaune = platine, cuivre,
Soleil = jaune d'or = magnétite, or,
Mars = rouge = fer, wolfram, manganèse,
Terre = infra-rouges = silicium,
Mercure = noir = carbone, hématite,
Saturne = gris-noir = plomb, mercure, arsenic,
Pluton = indigo spectral, rayons X, ultra-violets = nickel.

*
**

Il est des planètes plus petites, (Vesta, Junon, Cérès, Pallas) qui ont beaucoup de rapport avec la Terre, qui, comme notre globe se meuvent autour du Soleil qui les éclaire ; en outre chacune d'elles a un mouvement de rotation autour d'un axe et que, par conséquent, la succession des jours et des nuits s'y fait régulièrement ; toutes enfin, obéissent au grand principe de l'attraction universelle.

*
**

Outre les planètes, il y a les satellites ou planètes secondaires, qui tournent autour d'une planète principale, ainsi la Terre est accompagnée par la Lune, Lilith et Néomie, Mars par deux satellites, Jupiter par neuf, Saturne par dix, Uranus par quatre et Neptune par un.

L'ensemble de tout cela forme notre système solaire ; celui-ci, à son tour, dépend d'un autre système parmi tant d'autres qui peuplent l'espace.

*
* *

Cela prouve, n'est-il pas vrai, que des rapports existent entre toutes les choses de l'univers, et que les analogies supérieures, par leurs harmonies, ne se refusent pas à l'homme ? ce qui, par ailleurs, laisse entendre, sans s'expliquer davantage, qu'il existe, pour l'âme humaine, de puissantes raisons de franchir les limites habituelles du matérialisme et de l'anthropocentrisme.

*
* *

De ce qui précède, découle une genèse non négligeable, car sans faire de l'astrologie savante — ce n'est pas ici l'endroit, et ce n'est pas de notre compétence — nous croyons avoir fait ressortir une série de concordances astrales, métalliques et colorées, prouvant que si les couleurs influencent les pauvres êtres de la Terre, toutes ces énergies ne manquent pas d'agir, au moins partiellement, sur notre destinée, notre santé et notre attitude.

*
* *

Sans doute, cela ne se conçoit pas par une sorte de fatalisme absolu, mais il est bien certain que les couleurs, les astres, comme tous les éléments qui existent, par leurs forces insoupçonnées, forment le système d'un déterminisme relatif en fatalité et en facteurs incontestables ; formes manifestées dans les prédispositions natales et l'océan des influences terrestres et sidérales.

*
* *

GAMME CHROMATIQUE ET GAMME MUSICALE

Un autre terme de comparaison est celui qui existe entre l'harmonie des couleurs et l'harmonie des sons.

Les longueurs d'onde sont étrangement communes. Probablement parce que les sons qui nous arrivent à l'oreille tirent leurs lois de la même origine que celles des couleurs qui frappent notre rétine ?

*
* *

Les sons se classent en notes fondamentales :

Do, Mi, Sol, et correspondent à la triade des couleurs fondamentales : Rouge, Jaune, Bleu, et aux notes complémentaires : Ré, Fa, La, Si ; pour les quatre couleurs également complémentaires : Orangé, Vert, Indigo, Violet.

De sorte que l'on peut énoncer avec une certaine exactitude :

Do, Ré, Mi, Fa, Sol, La, Si.
Rouge, Orangé, Jaune, Vert, Bleu, Indigo, Violet

*
* *

Un autre rapport entre les deux gammes est celui des vibrations données par seconde :

Do, Ré, Mi, Fa, Sol, La, Si.
522, 587, 652, 696, 783, 870, 978 en unités.

Rouge, Orangé, Jaune, Vert, Bleu, Indigo, Violet.
450, 500, 530, 580, 650, 710, 770 en trillions.

*
* *

Le tableau ci-dessus démontre assez clairement que les vibrations des notes et des couleurs augmentent progressivement du Do au Si et du Rouge au Violet.

Nous avons là confirmation que les vibrations sonores et colorées se propagent avec autant de facilité à travers tous les milieux : impondérables, éthériques, pesants et élastiques.

*
* *

Si, par la beauté des composants, la musique sert à commenter les pensées et les paroles, les couleurs renforcent les sentiments ou les détruisent, et ce en raison de leur assemblage harmonique ou discordant ; au même titre que les œuvres des grands maîtres de l'art musical suscitent une couleur propre à chaque auteur : Brun pour WAGNER, Vert pour AUBERT, Bleu pour ADAM et MOZART, Blanc pour LECOCQ, etc.

*
* *

N'a-t-on pas aussi la « *Chanson des Couleurs* » écrite par FABRE des ESSARTS ?

On parle même de la musique colorée des aveugles. En effet, on aurait remarqué que le rouge avive l'ouïe, le jaune l'affaiblissant ; de même que la privation congénitale de la vue altère le sens chromatique en diminuant ou en supprimant les modalités de la vision, mais en revanche augmente le sens phonétique.

Enfin, la correspondance des notes, des couleurs, des sentiments, des connaissances, des facultés s'établirait comme suit :

Do, Rouge : l'homme physique, l'amour sexuel,
Ré, Orangé : la conscience, l'honneur,
Mi, Jaune : les sens peu éveillés,
Ré, Vert   : la justice ou la rouerie,
Sol, Bleu : l'amour du prochain, l'altruisme,
La, Indigo : l'imagination fertile,
Si, Violet : la pensée Divine.

*
* *

L'ESPACE, LE TEMPS, LE MOUVEMENT

L'occultisme, traitant des Trois grands Inconnus, considère que l'Espace, le Temps et le Mouvement s'attachent chacun à une couleur.

L' « Espace », symbolisant la spiritualité, est souvent comparé à la lumière blanche, au bleu du ciel, au noir profond des espaces célestes.

Le « Temps », qui représente le souvenir et l'aspiration a les radiations obscures comme comparatives, radiations que nous subissons sans que beaucoup d'entre nous puissent jamais en déceler la moindre parcelle, ni supposer la plus petite influence. Ces rayonnements extrêmement agissants sur nos états d'âme ne sont dévoilés que par quelques uns.

Le « Mouvement », suggère le rouge, les choses physiques et palpables, en un mot, la matérialité, la force, le désir ardent et brutal des choses faciles.

Qui sait ? Cette symbolique nous cache peut-être la correspondance qu'il peut y avoir entre le principe trinitaire : le Père, le Fils, et le Saint-Esprit ; la foi, l'espérance, la Charité et le principe trilogique : naissance, vie, mort, des individus et des étoiles. On admet en effet que l'étoile blanche symbolise la naissance, l'étoile rouge la fin de la vie, l'étoile obscure la mort.

Autre principe de la création, de l'évolution et de la disparition.

A en croire certains occultistes l'amour passionné du rouge de notre époque serait l'indice de la fin prochaine du cycle christique.

FIN DE LA QUATRIÈME PARTIE

CONCLUSION

A ce point, nous croyons avoir dit l'essentiel, et nous espérons avoir donné à nos lecteurs le moyen d'éclairer leur lanterne.

La chromologie constitue un précieux moyen d'investigation permettant de servir de nombreuses causes.

Elle s'avère d'une grande utilité dans les cas les plus divers : qu'il s'agisse de toilettes, de vêtements, de tentures, de bibelots, de bijoux, de fleurs, de parfums, etc.

Les services rendus, que nous avons constatés, sont extrêmement nombreux dans beaucoup de domaines : organisation colorée des chambres à coucher, des bureaux de travail ; développement des facultés, des aptitudes aux études et aux professions ; dans l'augmentation du dynamisme, de l'assurance, de la décision et dans les cas de sensibilisation et de désensibilisation.

En second lieu, la chromothérapie est vraiment la méthode de choix pour combattre la phobie, la manie, le tic, le vice, l'angoisse, l'appréhension, le cauchemar, le pessimisme, etc, cortège symptomatique du déséquilibre.

PRINCIPAUX CHAPITRES DU TOME II
A PARAITRE

Diagnostics par les couleurs (Chromodiagnostics).
Philosophie antique.
Couleurs et figures géométriques.
Monades Chinoises.
Pakouas, Croix gammée, Sceau de Salomon, Pentagramme.
Blasons et Pavillons.
Couleurs et notations chimiques.
La vie des métaux et minerais.
Pouvoirs mystérieux des pierres fines et précieuses.
Couleurs, plantes symboliques et emblématiques.
Couleurs déterminantes dans fille ou garçon.
Couleurs fleurs et parfums.
Pourquoi l'herbe est verte ?
Les couleurs en ameublement.
Couleurs toilettes et parures.
Chambres à coucher, bureaux de travail.
Mains et couleurs (chromo-chiroscopie).
Reteintes et replongeages.
Couleurs mode et conférenciers.
Magie des couleurs.

Travaux effectués par l'auteur :

Choix des Couleurs, des Métaux, des Pierres, des Fleurs, des Parfums. Syntonisation des effets d'habillement et d'ameublement.

RADIATIONS NOCIVES

Renseignements sur l'action faste ou néfaste des meubles, objets d'art, bibelots, bijoux anciens et modernes, indigènes et exotiques, des divers états et sentiments qu'ils engendrent.

Etudes des bureaux de travail, chambres à coucher, appartements, fermes, châteaux, terrains végétaux reconnus indésirables aux espèces vivantes.

PSYCHOMETRIE

D'après photo, écriture, cheveux, effets d'habillement, liquide physiologique, papier ou coton épidermique, analyse physique et psychique d'ordre moral, sentimental, commercial et industriel ; mesure des facultés naturelles ou acquises, des aptitudes aux études et professions.

Cours et leçons particulières
Conférences Publiques et Privées

BIBLIOGRAPHIE

AVELINE (D^r). — *Les Ondes Microbiennes.*
BARBARIN (G.). — *Qu'est-ce que la Radiesthésie.*
BEASSE (Pierre). — *Radiesthésie Physique.*
BRARD (R.) et GORCEIX (Ch.). — *Balance Pendulaire de Précision.*
BROCHENIN. — *Traité de Radiesthésie et de Téléradiesthésie.*
BOVIS. — *Théories et Procédés.*
CAPRON (André). — *La Radiesthésie.*
CHANTEREINE et SAVOIR (D^r). — *Ondes et Radiations Humaines.*
CHAVANON (Paul D^r). — *Thérapeutique O. R. L. homéopathique.*
CHRETIEN (Capitaine Henri). — *Le Cancer.*
CHRISTOPHE (Emile). — *Tu Seras Sourcier, Apologie du Sourcier.*
CARREL (Dr Alexis). — *L'homme cet inconnu.*
CORRENSON (Colonel). — *Traité de Radiesthésie Physique.*
DISCRY (Georges). — *Radiesthésie Science des Sourciers.*
DOM NEROMAN (Ingénieur des Mines). — *Planètes et Destins et autres ouvrages.*
FOVEAU DE COURMELLES (D^r). — *Chromothérapie 1890 et ses nombreux travaux.*
FRANCE (Henry de). — *Le Sourcier Moderne.*
J. B. H. — *Trame de la Destinée.*
LACROIX A L'HENRY. — *Manuel de Radiesthésie. Théories et Procédés Radiesthésiques.*
LAKHOVSKY (G.). — *La Terre et Nous, Ses nombreux travaux.*
LARVARON (Prof.). — *Radiotellurie. Radiobiologie.*
LEPRINCE (D^r). — *La Radiesthésie Médicale. Les Radiations Humaines. Les Ondes de la Pensée.*
LESOURD (G.). — *Méthode Radiesthésique. Vie, Maladies, Radiations.*
LUCCHINI (A. Chanoine). — *Science Radiesthésique.*
MELLIN (H.). — *Radiesthésie Agricole et Domestique.*
MAGER (H.). — *La Radiophysique, tous ses ouvrages.*
MARIE-BERNARD (Révérend Père). — *Vade-Mecum du Radiesthésiste Médical.*
MARTIN (Abel Dr Vétérinaire). — *Vie, Etres, Radiations.*
MERMET (Abbé A.). — *Comment j'opère.*
MERSSEMAN (Mme de). — *Le Pendule Magique.*
MONTANDON (R.). — *Les Radiations Humaines.*

Ovio (Prof.). — *Vision des Couleurs.*
Pitois (E. Ing.). — *La Condensation Radiesthésique.*
Rancoule. — *Le Secret de la Santé.*
Rendu (D^r). — *Radiesthésie, Science et Morale.*
Regnault (Dr Jules). — *Biodynamisme, tous ses nombreux ouvrages.*
Roux (D^r). — *Vérité sur le Diagnostic Radiesthésique.*
Serres (Ing.). — *La Vérité sur la Radiesthésie.*
Turenne (Ing.). — *De la Baguette au Pendule et tous ses Ouvrages.*
Voillaume. — *Essai sur le Rayonnement de la Matière.*
Wherle (Abbé). — *L'Ecole du Sourcier.*

Mangin-Balthazard (Henri). — *La Chiroscopie. Valeur Clinique des Ongles.*

Journaux et Revues

Bulletin des Amis de la Radiesthésie, Paris.
Chronique des Sourciers, Arry (Somme).
Bulletin de l'Association de Radiesthésie Scientifique, Paris.
La Prospection à Distance, Orléans.
Les Nouvelles Perspectives, Paris.
L'Astrosophie, Nice.
L'Astrologie, Paris.
Sous le Ciel, Paris.
La Côte d'Azur Médicale, Toulon.
Etudes Radiesthésiques, Paris.
Découverte, Paris.
Le Radiesthésiste, (organe Belge) Liége.
Le Réveil Français, Paris.
Revue de la Radiesthésie, Casablanca.

SECRETS DES COULEURS

des Métaux, des Pierres, des Fleurs, des Parfums

TABLE DES MATIÈRES

Première Partie - Les Couleurs à travers les siècles

	Pages
Préambule	11
Généralités	17

CHAPITRE PREMIER

Physique des couleurs	25
Couleurs spectrales	25
Spectres	26
Décomposition de la lumière	28
Recomposition de la lumière	29

CHAPITRE II

Variations de la lumière	30
Réfraction	30
Diffraction	31
Réflexion	31
Absorption	33
Transparence	34
Opacité	34
Résonance	35
Gaz naturels	35
Energie rayonnée	36
Couleurs matérielles	37
Polychroïsme. Le cas du Caméléon	38

CHAPITRE III

	Pages
Mélanges des lumières	40
— des couleurs et matières	41
— des lumières et matières	41
— dichromes	43
— trichromes	43
— polychromes	44
Couleurs secondaires	45

CHAPITRE IV

Champs de force, dits isotropes (Zone harmonique)	45
Mesures radiesthésiques	48
Rayon fondamental, dit anisotrope	50
Corps polaires, équatoriaux, semi-polaires, semi-équat.	52
Longueurs d'onde. (micron, angstrom)	57
Longueurs fondamentales	60
Fréquence des couleurs	61
Cercle chromatique, (arc lumineux, arc obscur)	62
Répartition sur circonférence à 360°	62
Disque MELLIN	63
Répartition (LESOURD, LARVARON, MAGER, CORRENSON)	68
Chromologues et chromothérapeutes	72

Deuxième Partie - Radiesthésie des Couleurs

CHAPITRE V

	Pages
Méthode opératoire	75
Actions colorées et incolores	77
Classification RANCOULE	80
Classification de l'auteur	81
Glande pinéale et couleurs	81
Mitres et bonnets (*Fanons de*)	83
Symbolisme et actions des couleurs	85
Couleurs et espèces vivantes	86
Couleurs, sang, état d'âme, cancéreux	90

CHAPITRE VI

Heures radiantes des couleurs	92
Nerveux, lymphatiques, rachitiques. (Heures des promenades)	93
Désintoxication	94
Plans de polarisation	95
Polarisation horizontale Nord-Sud : naissances, décès	95
Polarisation horizontale Ouest-Est	96
Couche de l'homme, invasions, transplantations	98
Polarisation verticale	99
Empilage des couleurs	101
Recharge des surmenés	102
Circuits colorés (ceintures)	103
Polarités des couleurs (Négativité, positivité)	105
Alcalinité, acidité, Morbidité, Toxicité	107
Ionisation d'un lit	108

— 235 —

Troisième Partie - Vision des Couleurs

CHAPITRE VII

	Pages
Les couleurs en optique	113
Vision binoculaire	114
Couleurs et barbarie	116
Rhume des foins, Rhume de poils de cheval	117
Cécité des couleurs	117
Aberration chromatique de l'œil	118
Arc-en-ciel, Cercle-en-ciel	119
Halos	121
Vision anaglyphique (Convexité, concavité)	122
Divers contrastes	123
Iridescence (Périphérie colorée)	123
Répartition des couleurs sur l'homme debout	127
Spectre et décharge	129

CHAPITRE VIII

Les Auras (Enveloppes phosphorescente ou fluorescente)	131
Comment voir les Auras	136
Formes, couleurs et significations des Auras	141
Auras des enfants	143
Conditions pour voir les auras	145
Radiations de l'Univers et prémonition	147

Quatrième Partie - Le Vrai Visage des Couleurs

Pages

Chromothérapie (Médecine des Couleurs)	154
Chromologie	159
Chimie des couleurs et sentiments divers	161
Le Violet	161
L'Indigo	162
Le Bleu	163
Le Vert (son procès)	165
Le Jaune	182
L'Orangé	184
Le Rouge	185
Les rayons Infra-rouges	187
Le Noir	189
Le Blanc	190
Blanc et Noir	191
Le Gris	192
Les rayons Ultra-violets	195
Les rayons X	196
Tonalités secondaires	197
Couleurs, sentiments et aptitudes	202
Couleurs et astrologie	205
Astrologie et chromologie	207
Couleurs et signes zodiacaux	213
Couleurs, planètes et métaux	217
Gammes chromatique et musicale	219
L'Espace, le Temps, le Mouvement	221
Conclusion	223
Principaux chapitres du Tome II a paraître	225
Avis	226
Travaux effectués par l'auteur	227
Bibliographie	229
Tables des matières	232

Fin du Tome 1

Ebook Esotérique réédite,
sous forme de livres électroniques
ou Ebooks, des livres ésotériques et
d'occultisme qui sont devenus rares ou
épuisés.

Visitez Ebook Esotérique
www.ebookesoterique.com

Inscrivez-vous pour recevoir
notre Bulletin-Info.
Vous serez informé des
nouvelles parutions et promotions.

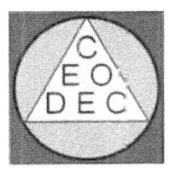 Vous avez une question sur l'Hermétisme, l'Esotérisme ou la pratique des Sciences Occultes ?

L'Encyclopédie Ésotérique vous apportera des réponses et des mises au point précieuses. Cliquez www.ceodeo.com

L'Encyclopédie Ésotérique ainsi que les articles, dossiers, cours et essais que vous trouverez sur notre site s'adressent tant aux profanes qu'aux spécialistes.

Collège Ésotérique et Occultiste *d'Europe et d'Orient* **(CEODEO)** www.ceodeo.com

www.ingramcontent.com/pod-product-compliance
Lightning Source LLC
Chambersburg PA
CBHW080243170426
43192CB00014BA/2541